Moi, Henri, condamné au bagne militaire

Jean–Marc Becquet

Roman historique

Dépôt légal avril 2016 ISBN : **979-10-94133-01-9**

JMB EDITIONS

Prix 8,30 €

J'ai voulu raconter une histoire de famille.

À mes lecteurs assidus,

Hervé, mon beau-fils,

Patrick, mon frère,

Rodolphe, mon binôme.

Merci pour leur patience et leur effort.

À Claudia, à qui rien n'échappe et qui fait un travail remarquable de relecture.

« Faites attention à l'Histoire que l'imposture se charge d'écrire. »

Châteaubriant, Mémoire d'Outre-Tombe

Chapitre 1 Constantine, Septembre 1917.

Je me suis levé. Les juges militaires viennent de rentrer dans la salle du tribunal pour la sentence. C'est moi qu'on juge aujourd'hui. Les faits sont graves, je le sais. Désertion en temps de guerre, pas devant l'ennemi, pas en refusant d'obéir aux ordres donnés, non c'est autre chose.

En fait, je me suis évadé du bataillon disciplinaire dans lequel on m'avait affecté lors de la mobilisation en 14. Pour survivre lors de cette évasion, j'ai dû voler de la nourriture, donc on m'a aussi accusé de vol, une circonstance aggravante d'après eux. Eux, ce sont les gendarmes qui m'ont arrêté dans le village de Tizi Ouzou, en Kabylie. Cela faisait plus de trois ans que j'étais affecté dans le troisième bataillon d'infanterie légère d'Afrique. Comme tous les bataillons des colonies, c'est un régiment disciplinaire, une prison en plein air. Je vais vous expliquer ce que c'est, c'est pire que ce que vous imaginez.

Trois ans sans permissions, trois ans de galères, de privations, de douleurs et d'humiliations. Alors j'ai fait ce qu'il ne fallait pas faire, je me suis évadé, enfin déserté comme ils disent. Je ne pouvais plus résister. Un matin, je suis parti, un peu comme lorsqu'on prend une destination inconnue, pas par le train ou le bateau, non à pied. Je savais que je n'atteindrais jamais ma destination, de toute façon, je n'en avais pas.

– Soldat de deuxième classe Henri Becquet, vous êtes reconnu coupable. Votre passé est déjà lourd. Vous n'avez aucune circonstance atténuante. Vous êtes condamné à cinq ans dans l'atelier de travaux public de la ville de Bougie[1], la sentence est immédiate.

Pourquoi, cinq ans à Bougie, autant me condamner maintenant à être fusillé, c'est plus rapide, moins douloureux. Je le savais en m'évadant que je serais repris, que je serais condamné à un atelier de travaux public, enfin au bagne quoi. Car c'est bien de cela qu'il s'agit. Pas d'une maison de redressement où on apprend aux prisonniers un métier, ni d'un centre de détention où les condamnés sont prisonniers. Non, seulement l'armée préfère appeler l'endroit « atelier de travaux public ». Ainsi les bonnes âmes de la métropole ne peuvent pas savoir ce qui s'y passe.

____

[1] Actuellement Béjaïa, 180 kms à l'est d'Alger.

– Courage, soldat, cinq ans, c'est vite passé. Si vous vous tenez tranquille, vous serez libéré après votre peine. Grâce à moi, vous avez échappé au pire.

C'est mon avocat qui me parle, enfin c'est un officier, un capitaine de l'artillerie, qui était chargé de me défendre. Il ne m'a pas défendu, il a simplement énoncé très rapidement toutes les peines que j'avais effectuées dans le civil puis à l'armée. Pour terminer, il a demandé au tribunal l'indulgence. Il n'a même pas rappelé que j'avais fait la campagne du Maroc occidental durant plus d'une année en 1913, lors de mon service militaire. Que j'avais participé à de nombreux combats, que je m'étais bien comporté pensant ainsi me racheter une conduite, pour être enfin libéré peut-être pas avec les honneurs, du moins avec dignité.

Ils m'avaient même délivré un certificat de bonne conduite lors de ma libération en janvier 14, Durant quelques mois, j'avais été de nouveau, un civil, puis la guerre, la mobilisation, et mon affectation dans un corps disciplinaire.

Ah, ces quelques mois de liberté, après deux années dans l'armée. Car à l'époque j'étais déjà affecté dans un régiment disciplinaire durant une partie de mon service militaire. Mon problème, ou plutôt leur problème, c'est que j'avais eu des condamnations dans le civil, vagabondage, vols, fraude, coups et blessures. J'avais été condamné à des peines de prisons. J'y étais même à la prison de Loos, près de Lille, lorsque l'armée me réclamait pour effectuer mon service, classe 1910. Ils m'avaient déclaré déserteur, puis ils s'étaient aperçus que je purgeais ma peine. J'ai dû me présenter rapidement au 61e bataillon d'artillerie à Verdun, après ma sortie de prison. Au bout de quelques mois, après plusieurs punitions pour « insubordination », pas de procès, affecté immédiatement dans un bataillon disciplinaire. Pourtant j'avais effectué mes peines dans le civil. À l'armée, je ne pouvais plus être jugé pour les mêmes raisons, enfin normalement.

Remarquez, d'après ce que j'ai pu comprendre de cette mascarade de conseil de guerre, cela ne change rien d'être ou non jugé. De toute façon, vous êtes coupable. La seule chose qui peut varier c'est la longueur de la peine : deux, cinq ou dix ans. Cela ne va pas au-delà. Pourquoi me direz-vous, eh bien généralement on meurt au bout de quelques années, aucun ne survit après dix ans. Donc dix ans, c'est une condamnation à mort. Cinq ans c'est la prison à vie, avec une petite chance de survie. Comment je sais cela, c'est simple, tout se sait dans nos bataillons disciplinaires. Chez nous, les Bats d'AF[2], on connaît la réputation de Bougie.

Pourtant, ça a l'air sympa sur le papier. Un atelier qui fait travailler les prisonniers à la fabrication de bougies. Enfin on devrait dire la ville de Bejaîa, Elle a repris son nom véritable en 1914. Cela ne change pas le fait qu'on peut y mourir.

– Emmenez le prisonnier, faites entrer l'accusé suivant.

Voilà, pour moi, c'est terminé, le suivant, un pauvre bougre comme moi. Pour lui, c'est moins grave. Encore que, perdre ses munitions en tant de guerre, ce n'est pas rien. Il écopera certainement de deux ans.

Avant de partir, je jette un dernier regard à ce tribunal, enfin à ce conseil de guerre. Il est présidé par un colonel d'active. Blessé en 1916, lors de la bataille de Verdun, celle qui avait fait trois cent mille morts dans les rangs français, autant dans les rangs allemands. Il avait conduit, m'a-t-on dit, toute sa compagnie au massacre, fidèle en cela à ce boucher de Nivelle[3]. Quelques-uns avaient survécu, lui avait été blessé. Donc on l'avait

---

[2] C'est le surnom que se donnaient les soldats de ces bataillons.

[3] Général Robert Nivelle 1856-1924, nommé général en chef des armées à la place de Joffre, jugé trop timoré par l'état-major. Il se glorifiait souvent de sa stratégie, devant de nombreux témoins, à tel point que les historiens soupçonnent que l'armée allemande fut informée de son offensive et de ses plans, pour Verdun.

décoré de la croix de guerre pour faits de bravoure. Les méchantes langues disaient qu'il était resté à l'arrière de sa compagnie lors de la charge, tirait sur ceux qui, terrorisés, ne voulaient plus se faire tuer. Ils préféraient faire semblant d'être blessés en se mettant à l'abri dans les trous d'obus. Il avait été touché au bras. Les mêmes méchantes langues disaient que c'était un soldat de sa compagnie qui lui avait tiré dessus.

S'il s'était retrouvé comme officier dans un bataillon disciplinaire, c'est que même pour l'état-major, son affaire n'était pas nette. Cependant on ne jugeait presque jamais un officier. On l'avait puni en l'envoyant à la division de Constantine. Aigri, il se vengeait sur les pauvres bougres que nous étions. Quant aux autres officiers qui le secondaient dans le tribunal, des militaires en fin de carrière ou des officiers qui n'avaient pas eu un comportement exemplaire dans les tranchées de France.

– Allez, viens, me dit le caporal de garde.

Il était accompagné par quatre Zouaves, en grande tenue, afin de me conduire à la prison avant mon transfert. Je le voyais se marrer de ma condamnation, comme si cela lui faisait plaisir. Je le connaissais un peu, j'avais déjà eu affaire à lui. C'était un corse, un salopard, qui profitait de son galon, de son importance, pour martyriser les soldats perdus que nous étions.

Dès mon incorporation en août 14, lors de la mobilisation générale, j'ai été affecté à un corps spécial, issu du bataillon disciplinaire. Je me demandais à l'époque ce que voulait dire ce nom. Je l'ai compris très vite. Ils avaient créé ces corps pour les fortes têtes, ceux dont on se méfiait. Ces entités, un par bataillon, ils les constituaient avec un encadrement de sous-off plus important et un régime particulier : tenue spéciale, corvées plus nombreuses, diminution des rations, privations des permissions, interdiction de parler avec les militaires des compagnies régulières, un régime de fer. Trois ans d'une vie de bagnard, je me suis évadé. Je savais que c'était un suicide. Au moins j'ai été libre, serein, sans cette haine et cette rancœur qui m'avaient rongé, durant ces années.

Comment en suis-je arrivé là ? Je ne sais pas. Tout a commencé il y a vingt-sept ans, lors de ma naissance, à Roubaix.

Chapitre 2 Roubaix, 1896.

Je suis né un 9 mars, à onze heures du matin, enfin ce que m'a raconté ma mère, dans une famille pauvre de Roubaix, enfin pauvre, comme toutes les familles, ou presque toutes, de cette ville d'usines textiles du Nord de la France. Pourtant de cette enfance, et des premiers souvenirs que j'en garde, cela ne me paraissait pas la misère. Oh, certes, on ne mangeait pas toujours à sa faim, vivre dans une famille nombreuse, dont le père était ouvrier, et la mère ménagère comme on disait, ce n'était pas la gloire.

Mais toutes les familles étaient pareilles. On voyait bien que des gens fortunés existaient, parfois très fortunés même. Ces gens, c'étaient les patrons des fabriques de laine ou de coton, quelques ingénieurs, certains commerçants. Mais l'immense majorité était pauvre. Alors on ne pouvait pas se comparer à d'autres, on ne pouvait pas envier ceux qui possédaient de quoi se nourrir et s'habiller tous les jours.

Quand j'étais môme, je pensais que nous vivions tous de la même façon, dans les mêmes maisons, enfin si on peut appeler cela des maisons, que nous avions tous les mêmes affaires, c'est-à-dire rien. Quelques meubles, quelques ustensiles de cuisine, quelques vêtements que l'on se refilait de garçons en garçons ou de *filles en filles* dans la famille. Inutile de vous dire que moi, qui étais le petit dernier de huit enfants, les vêtements, on peut dire qu'ils étaient déjà troués quand je les mettais. Même si, ma brave mère faisait l'impossible pour les rafistoler. Mais cela ne me choquait pas, car d'autres avaient des vêtements encore plus troués que moi. Pour l'école, on était tous pareil, une blouse grise nous enveloppait afin de cacher notre misère[4].

Le curé, pendant les cours de catéchisme, nous disait que c'était normal de vivre comme cela. Enfin, il ne le disait pas comme ça, mais nous les mômes, c'est ce que l'on comprenait. Il nous disait que le seigneur avait vécu toute sa vie comme un malheureux mais que cela l'avait rendu heureux, qu'il avait fait le bien autour de lui, qu'il avait même fait des miracles. Au début, je ne comprenais pas ce que cela voulait dire, ainsi je posais la question à mon copain Victor.

Victor, je l'aimais bien, on était souvent ensemble. Quand je lui posais une question, il me répondait toujours, ainsi je comprenais.

---

[4] L'école vers 1900 se décomposait en section enfantine (5-7ans), élémentaire (7-9ans), moyen (9-11 ans) et supérieur (11-13 ans).

– Victor, c'est quoi un « miraque » ?

– Un miracle, Henri, on dit un miracle. Bien c'est comme si… Quand tu as faim, qu'il n'y a rien à manger, le seigneur fait apparaître un gâteau au chocolat pour que tu n'aies plus faim en le mangeant.

Je me disais qu'il était sympa le seigneur, intelligent en plus, car il savait que le petit garçon que j'étais, adorait les gâteaux au chocolat, même s'il n'en mangeait pas souvent.

– Victor, comment on fait un miracle ?

–Euh… je pense qu'il faut prier très fort, très longtemps, et cela doit arriver, enfin _c'est_ ce que dit le curé.

Le curé qui venait juste de s'apercevoir que nous discutions durant le catéchisme, nous prit par les oreilles, nous traîna dans le coin de la pièce du presbytère, où l'on venait deux fois par semaine pour l'écouter. Là, il n'était pas content, on était dissipé qu'il disait, on n'écoutait pas la parole du seigneur. Remarquez, il n'était pas méchant, c'était un homme gentil, finalement. Oh, bien sûr il criait beaucoup, nous tirait les oreilles, enfin surtout moi, car je n'écoutais pas ce qu'il disait. Mais je voyais bien de la tristesse dans son regard quand il nous regardait entrer dans la salle avec nos vêtements décousus et pas très chauds en hiver.

C'est ma mère qui avait voulu que je suive à six ans les cours de catéchisme. Il fallait que je vive dans le respect de la foi, avait-elle dit à mon père, qui, lui, avait piqué une colère contre l'église, les curés et les suppôts du capital. Je m'étais demandé ce que voulait dire suppôt. L'église, je connaissais, j'y allais avec ma mère tous les dimanches matin. Les curés, je connaissais, ils ressemblaient tous à celui qui me récitait la parole de Dieu. Ils avaient tous le même habit, un long manteau noir avec plein de boutons et un col blanc. Mais les suppôts du capital, je ne connaissais pas, de plus j'avais oublié de poser la question à Victor.

Le curé souvent, il disait que de faire des bonnes actions, cela nous amenait tout droit au paradis, à la droite du seigneur, sans passer par le purgatoire. Je n'avais pas bien compris ce que c'était le purgatoire. Le paradis j'avais compris, c'était le gâteau au chocolat, l'enfer, aussi, j'avais compris. Il nous arrivait plein de mauvaises choses si on y allait. On brûlait dans les flammes de l'enfer, car il y faisait très chaud ~~en enfer~~. Quoique ça m'irait bien à moi, d'avoir chaud toute ma vie, comme en été. Mais ce qui devenait moins agréable, on nous tourmentait. On nous faisait mal avec des piques ou des fourches.

Car, figurez-vous qu'il y avait des gardiens en enfer, des sortes de démons, tout rouge, qui nous battaient. Enfin, ce que disait le curé. Victor, lui, me disait que c'était des blagues, que le curé voulait nous faire peur pour qu'on se tienne tranquille, qu'on ne fasse pas de bêtises. Ma mère aussi me disait que j'étais un démon quand je faisais des bêtises. Je ne comprenais pas, soit on était un diable quand on en faisait, soit on était gardé par des diables quand on en faisait, mais à mon avis cela ne pouvait pas être les deux à la fois.

Enfin, on verra bien. En dehors du curé, il y avait aussi l'instituteur de l'école. Là, on faisait gaffe. Il était sévère, pas question de discuter avec Victor durant les cours. Victor, lui, il écoutait parce qu'il aimait l'école. Il ne discutait pas. Moi, c'était différent, les cours d'histoire j'aimais bien. Le calcul aussi, mais les cours d'écriture, les dictées, les leçons de grammaire, je n'aimais pas. Un peu comme l'enfer, on me tourmentait car je n'étais pas très fort. J'avais de nombreuses punitions. Je devais recopier la dictée dix fois, écrire les mots que j'avais massacrés des dizaines de fois. Finalement, c'est aussi l'instituteur qui m'avait fait comprendre ce que c'était l'enfer.

Ce que je ne comprenais pas non plus, c'était la façon dont on devait se comporter dans la cour de l'école. Au premier coup de sifflet, on devait se mettre en rang par deux. Au second coup de sifflet, on avançait au pas dans les salles de classe. Puis on restait debout près de notre banc, en attendant que l'instituteur nous donne l'ordre de nous asseoir. À la fin de la journée, on se levait au garde à vous près de notre banc, puis on sortait de la classe en rang, toujours par deux, jusqu'à la sortie. Enfin on était libre. Inutile de vous dire qu'on bougeait pour se dépenser. On courrait, criait, se bousculait et jouait sur la route du retour.

Puis, on rentrait dans notre courée. Il faut que je vous explique ce que c'était une courée[5]. Imaginez une série de toute petites maisons en briques, alignées ensemble, deux rangées de maison se faisant face, entourées d'une enceinte. Pour entrer dans la courée, il fallait suivre une sorte de tunnel, enfin un chemin couvert pour pénétrer. Les maisons, elles, étaient petites, une pièce en bas où l'on mangeait, où l'on parlait où l'on riait ou pleurait, au choix. Un petit escalier très étroit menait à l'étage, une, parfois deux chambres à l'étage pour les plus chanceux. Au milieu de la cour, des petits cabanons où l'on entreposait le charbon pour se chauffer l'hiver, le linge

____

[5] Aussi appelé « fort », vers 1900, plus de la moitié de la population de Roubaix, qui comptait 120.000 âmes vivait dans ces courées.

qui pendait aux cordes, et les toilettes. Des toilettes pour une dizaine de maisons, car il n'y avait pas beaucoup de place dans ces courées.

C'était notre quartier, notre cour de récréation, notre domaine, à nous les enfants. Pourtant, aucun vélo ne pouvait rouler dans la ruelle. De toute façon, on n'avait pas l'argent pour en acheter. La sortie, et l'entrée de ces courées, débouchaient dans la rue, où circulaient la plupart du temps les voitures hippomobiles.

Je me postais sur le chemin. Je regardais ces chevaux énormes qui, en tirant les charrettes remplies de boulets, de bois, de boissons ou d'autres marchandises, faisaient un bruit impressionnant sur les lourds pavés qui revêtaient les rues. Je m'imaginais plus vieux, en train de conduire les attelages. Mais je me posais toujours la question de savoir ce que pourrait transporter ma carriole.

Du charbon, c'était salissant, les conducteurs qui le faisaient, étaient tous noirs, de leurs chaussures jusqu'au bonnet très long qui recouvrait leur tête, car ils devaient décharger les sacs chez les particuliers. Les tonneaux de bière, ça, cela devait être sympa, quoique les voituriers me semblaient, la plupart du temps, pas tout à fait comme moi. En effet, ils ne marchaient pas droit et ils chantaient. Je trouvais qu'ils avaient tous un signe distinctif, le nez était gros, un peu boursouflé. Je me disais puisque mon nez était plutôt fin, plutôt droit, que je ne serai jamais embauché pour transporter les fûts de bière ainsi que les caisses de vin. Le transport des fruits et légumes, cela devait être bien. Mais la plupart du temps, c'était de petites charrettes que les marchands des quatre saisons, comme on les appelait, tiraient eux-mêmes, ou à l'aide de leur chien. C'est à cette époque que je me suis dit que choisir un métier était difficile, car il y avait toujours un problème qui surgissait.

– Henri, Henri, c'est l'heure, tu rentres.

C'était la voix de ma mère Pauline, qui m'appelait, comme tous les soirs, pour que je rentre à la maison. La plupart du temps, je n'étais pas bien loin, donc je l'entendais. Elle avait une voix qui portait, comme la plupart des ménagères qui demandaient à leur progéniture de rentrer ou à leurs maris, cela arrivait aussi, lorsqu'ils passaient un peu trop de temps dans l'estaminet[6] près de chez nous.

____

[6] C'est un café dont l'origine est peut-être wallonne et vient de « staminé », salle à piliers. Très répandu à l'époque en Belgique et dans le nord de la France, on y vendait surtout de la bière et du tabac.

Il faut dire que la moitié des boutiques des quartiers étaient des estaminets. Je peux vous le jurer, j'avais fait mon calcul. Bien sûr, il y avait d'autres commerces, des boulangeries, là où on vend des gâteaux au chocolat, des bouchers, des modistes, des couturières, des drogueries, des apothicaires, des libraires, pas beaucoup ceux-là. Mais, pour une boutique de ce genre, il y avait au moins un estaminet tout près. J'avais fait le décompte dans plusieurs rues, c'était toujours le même résultat. J'en étais donc arrivé à la conclusion, à la solution comme aurait dit l'instituteur, que c'était une règle mathématique ou une loi quelconque, à l'école on nous avait aussi parlé des lois de la république, qui disait que lorsqu'il y avait un commerce, un estaminet devait être présent à côté.

Faut dire, qu'il y avait du monde dans ces endroits. Là aussi je l'avais constaté, même si ma mère m'interdisait d'y entrer. Enfin, pas toujours, car parfois, lorsque mon père ne lui obéissait pas pour rentrer, peut-être qu'il ne l'avait pas entendue, elle me demandait d'aller le chercher et de lui dire que s'il ne rentrait rapidement, cela chaufferait pour son matricule. Comme je ne savais pas au début, ce que c'était un matricule, j'avais appris la phrase par cœur, cela aide. Enfin, pas les premières fois, parce que je m'embrouillais dans la phrase. Cela devenait :

— Papa, Maman m'a dit de te dire que si tu ne rentrais pas ton matricule, elle le mettrait à chauffer.

Faut croire que même dans le désordre, il comprenait, car la plupart du temps, je le voyais boire rapidement son verre et me dire.

— On y va petit, faudrait pas que ça chauffe de trop.

Parfois, pourtant, il n'obéissait pas et me répondait :

— Tu diras à ta mère, que je suis en train de causer avec mes amis. Que je suis le chef de famille, donc je fais ce que bon me semble. Nous, on cause de sujets importants. Il faut du temps pour en causer, donc je reste.

Comme je n'avais pas tout compris, que je n'avais pas eu le temps d'apprendre la phrase par cœur, car dans ces moments-là, il avait une furieuse manie à bégayer, à la différence des fois où il rentrait vite, je ne répétais pas toujours à Maman les bonnes phrases.

— Où est ton père ?

— Papa a dit qu'il discutait avec ses amis, de choses que tu ne pouvais pas comprendre car c'était lui, le chef, que même avec beaucoup de temps, tu ne comprendrais pas, enfin c'est ce que j'ai compris.

Quand il rentrait ces jours-là, j'ai vite compris deux choses, sans le demander à Victor. En premier, le matricule y chauffait très fort, très vite. Pour la seconde, c'est que l'enfer pour mon père, cela devait être dans ces moments-là.

C'est aussi dans ce milieu familial, que j'ai compris ce que c'était le paradis que nous décrivait le curé. Car ma mère, malgré le peu d'argent, arrivait à construire une vie aimante autour d'elle, faite de petits riens et de grands bonheurs. À la rentrée de la classe, quand elle avait pu, avec les restes de pain rassis, nous préparer du pain perdu avec du lait et du sucre, pour nous les servir au goûter. À la veillée, quand elle nous racontait ses souvenirs d'enfants, une vie encore plus miséreuse que celle d'aujourd'hui, mais qu'elle dissimulait dans ses souvenirs en ne nous narrant que les bons côtés, les blagues qu'elle faisait étant petite. Quand elle nous préparait le petit-déjeuner, avec deux fois rien mais toujours avec du café qui chauffait toute la journée sur un coin de la cuisinière, et un peu de pain, qu'elle agrémentait parfois avec de la confiture qu'elle faisait elle-même. Des bains hebdomadaires qu'elle nous faisait prendre pour être propre comme un sou neuf, qu'elle disait, en nous racontant des histoires, les mêmes d'ailleurs que le soir quand on allait tous se coucher dans la même pièce et qu'elle lisait à la lueur de la bougie.

Oh, il n'y avait pas de livres dans la maisonnée, trop cher. Elle découpait dans le journal illustré, les histoires. Celles que l'on pouvait raconter aux enfants, celles qui se terminaient bien, celles qui faisaient triompher les bons sur les méchants. Je pense que c'était sa vraie religion, celle du bonheur de ses enfants ainsi que celui de mon père, car malgré les séances de chauffage du matricule, elle l'aimait bien son Joseph, cela se voyait dans ses regards.

Pour le reste, l'église c'était plutôt une forme de superstition, au cas où. Enfin ce que je pensais en étant jeune. Plus tard j'ai compris que finalement, elle y voyait aussi une espérance, un amour du prochain, ou de la vie en général. Le reste, les messes et autres sacrements, c'était un peu du folklore dont il fallait respecter les règles, mais elle n'y croyait pas vraiment.

Je ne pourrais pas terminer cette partie de ma vie d'enfant sans vous parler de mes copains, de mes frères et sœurs. Commençons par les copains, oh, ce n'est pas que je n'aime pas mes frères et sœurs, non ! C'est qu'étant le dernier, celui qu'on surnommait « petit » ou

« petit Henri », c'est au choix, j'ai en premier le souvenir de mes copains.

Bon, comme je vous l'ai déjà dit, je l'aimais bien Victor. Pourtant on était très différent. Il m'expliquait beaucoup de choses, cela, je vous l'ai déjà dit. Il m'aidait aussi pour la classe, on passait beaucoup de temps ensemble à parler de tout, de rien, de nos familles, des autres, et plus tard des filles. On n'habitait pas la même courée. D'ailleurs, lui n'habitait pas dans une courée mais dans une vraie maison. Remarquez, ce n'était pas un palace, loin de là. Elle était située dans un quartier ouvrier, comme on disait. La différence, c'est que sa demeure était plus grande.

On entrait par un couloir, au début je me demandais à quoi cela pouvait servir quand il me fit visiter sa maison pour la première fois.

– Victor, à quoi cela sert cet endroit ?
– À conduire aux autres pièces, c'est un vestibule !
– Victor, on ne peut se perdre dans ta maison, on arrive toujours aux autres pièces.
– Oui, mais tu comprends, en hiver quand il fait froid, et que tu dois ouvrir à quelqu'un, cela isole le reste de la maison.

Pas bête du tout, je voyais bien qu'au bout du couloir il y avait une autre porte avant de pénétrer dans la demeure. Car c'est vrai que les hivers étaient froids, très froid. Et malgré la cuisinière au charbon qui fonctionnait en permanence, cela n'empêchait pas le givre de se déposer sur les vitres, même à l'intérieur. Remarquez, c'était rigolo, cela nous permettait de faire de jolis dessins dessus. Et le froid, les matins d'hiver avant que le père n'allume la cuisinière, vous ne pouvez pas vous imaginer. Quoique du fond de ma cellule, je donnerais tout ce que j'ai, c'est-à-dire rien, pour de nouveau connaître ce froid, qui me rappellerait mon enfance.

En dehors de l'hiver et des beaux jours d'été, c'était la pluie et le brouillard, toujours présent dans la région. Comme dirait le voisin de mes parents, Eugène, qui adorait dire des blagues « *quand on ne voit pas la tour de l'usine, c'est qu'il pleut, et quand on la voit, c'est qu'il va pleuvoir.* »

Mais revenons à Victor et à sa maison. Après le couloir on rentrait dans la salle à manger, petite mais confortable. Ses parents possédaient plus de meubles que les miens. Son père était électricien à l'usine. Au début, je ne savais pas ce que c'était comme métier, Maintenant que vous me connaissez un peu mieux, vous savez ce que j'ai fait, j'ai demandé à Victor. Il m'a expliqué ce que c'était. Et après, je n'avais toujours pas compris. Mais bon, cela devait être bien, car son père gagnait plus d'argent que le mien. Il me montra le « salon » qui se trouvait en parallèle du couloir et avant la salle à manger.

– À quoi, ça sert ?

– C'est là où on se repose, ou l'on lit le journal, où on discute.

– Ton père, Victor il a le temps de se reposer et de lire le journal ?

– Oui, le dimanche, après la messe, les jours de fêtes aussi.

– Mon père, lui, n'allait pas à la messe. Un jour il m'a dit qu'il n'avait pas le temps, il devait aller au bistrot pour rejoindre ses amis afin de discuter. Mais je ne l'ai jamais vu lire un journal.

– Et, il se repose au bistrot ?

– Non, je ne pense pas, car il m'a l'air bien fatigué quand il ressort. Parfois, il ne marche pas droit. Je pense que le bistrot est un salon pour les grandes personnes, qui n'en possèdent pas chez eux.

– Ta mère y va aussi ?

– Oh, non, elle dit que c'est un lieu de perdition. Je n'ai pas compris ce que cela voulait dire, car mon père ne s'y perd jamais, il connaît le chemin pour y aller. Et une fois à l'intérieur, on ne l'a jamais perdu, on le retrouve toujours.

Il me fit visiter la cuisine, dans laquelle se trouvait une cuisinière à charbon, Dans salle à manger, on avait installé un poêle. Il y avait une cave où la famille entreposait de tout. Ma plus grande surprise fut la cour, toute petite, à l'arrière de la maison, au bout les cabinets. Le positif, c'était les toilettes pour eux seuls, pas besoin de faire la queue pour attendre son tour, le négatif c'était la cour minuscule où on ne pouvait pas jouer à grand-chose, trop petite. Mais le plus surprenant pour moi du haut de mes six ans, c'est que cette maison qui me semblait dix fois plus grande que la mienne, ils l'habitaient à cinq. Car Victor, il avait juste un frère et une sœur. Nous, on était dix en me comptant.

– Victor, tu ne te perds pas dans ta maison ?

– Non, Henri, oh bien sûr maman doit m'appeler quand je joue dans le grenier !

– Le grenier ?

– Oui, viens, je vais te montrer.

Il me fit visiter le premier étage avec les trois chambres, une pour les parents, une pour lui et son frère, la dernière pour la sœur.

– Pourquoi, votre sœur n'est pas dans votre chambre ?

–Maman dit que cela ne se fait pas.

– Pourquoi ?

– Je ne sais pas. Mais je ne demande pas mieux. Elle est plus petite mais c'est une véritable peste.

– C'est pour cela, un jour le médecin qui est venu voir mon frère malade a dit qu'il fallait l'isoler car cette maladie de la… de la… Ah, oui de la « roubole » était une véritable peste, car c'était contagieux, qu'on allait tous l'attraper.

– Je ne savais pas que tu avais un frère qui te martyrisait ?

– Non, mais il avait des boutons.

On arrêta tous les deux la discussion, car on eut l'impression qu'on ne s'était pas bien compris.

Ensuite, on monta au second étage par un petit escalier étroit. On se retrouva dans une grande pièce mansardée, vide, à part les jouets qui l'encombraient. Car Victor avait quelques jouets, des petits soldats de plomb, un train, des wagons de bois et d'autres jouets, toujours en bois. Dans les années qui suivirent, on passa des heures dans ce grenier à jouer, à s'amuser.

J'avais connu Victor, un jour en allant à l'école, je le connaissais déjà, il était dans la même classe, mais jusqu'à ce jour-là, je ne lui avais pas adressé la parole. Il avait été pris à partie par une bande de gamins, un peu plus âgés que nous, qui jouaient à cogner sur les plus petits qu'eux. Moi, il ne m'avait pas embêté sauf une fois, où ne me connaissant pas, ils avaient essayé. Là, un peu comme me l'avait appris mon grand frère Alexandre, je n'avais même pas laissé le chef de la bande finir les mots qu'il prononçait pour m'humilier, ma droite était partie en plein dans le pif, là où ça fait très mal. Car mon frère m'avait dit que c'était un endroit très sensible, que la douleur stoppait net l'agresseur. C'était la première fois que je mettais en pratique son enseignement, j'étais assez fier du résultat. Le nez se mit à pisser le sang rapidement, il se mit à hurler de douleur. Mais mon frère m'avait dit aussi qu'il ne fallait pas en rester là. Je lui balançais un enchaînement de coups qu'il m'avait appris, ma gauche juste au-dessus du bide, pour lui bloquer la respiration, de nouveau une droite dans le menton. Cela a eu deux effets immédiats. En premier le souffle coupé, il avait arrêté de hurler, car ses cris étaient désagréables à l'oreille. En second il s'effondra immédiatement par terre, ce qui déstabilisa sa bande qui s'enfuit rapidement. Depuis ce temps, ils m'évitaient. Lui, il ne paraissait plus être le chef de la bande.

Pour en revenir à Victor, qui lui ne savait pas se battre, ou bien son grand frère ne lui avait rien expliqué, il commençait à être dans une mauvaise situation. Mais il ne pleurait pas, encaissait les coups sans rien dire. Je me mis à courir, arrivé à leur hauteur je pris le premier par l'habit, le propulsais sur le mur. Manque de bol, c'était le même que j'avais déjà frappé. En se retournant dans le mouvement, son visage heurta le mur, le nez se mit à pisser de nouveau le sang. Il devait avoir un nez fragile. Le résultat fut rapide, les autres détalèrent, et « pif sanglant », c'est comme cela que Victor et moi on continua à l'appeler par la suite, resta effondré sur le sol. Je remis debout Victor en lui serrant la main. Cela faisait sérieux. Depuis ce jour-là, on était devenu les meilleurs amis du monde.

Il y avait aussi d'autres copains, certains sympas, d'autres moins, mais quand je parle d'un ami, c'est l'image de Victor qui me vient en premier. Il y avait aussi beaucoup de copains belges, leurs parents étaient venus à Roubaix parce que les usines textiles de la ville recherchaient de la main-d'œuvre. La population des environs n'y suffisait plus. Ils avaient de drôles de prénoms et parlaient pour certains assez mal le français.

Henricus, Edouardus[7], Peter en faisaient partie. Ils étaient souvent moqués, parce qu'ils n'étaient pas français, je ne comprenais pas pourquoi. À cause de cela,

---

[7] Les prénoms belges du XIX siècle étaient souvent d'origines latines.

ils avaient tendance à se regrouper ensemble, à parler leur langue que Victor et moi, on ne comprenait pas. La petite bande que l'on formait était donc mixte. On eut vite fait de transformer leurs prénoms en Édouard, Henri et Pierre. Quant à leur nom de famille, imprononçable pour nous, ils commençaient tous par Vanden... quelque chose[8]. On se retrouvait après l'école les soirs d'été, ou le dimanche après-midi, dans la cour de l'école. Nos jeux étaient toujours les mêmes, une bande de bons, les policiers et les shérifs, luttait contre une bande de méchants, les bandits et les voleurs. À la fin les bons gagnaient. On était tous persuadés du haut de nos six ans, que la vie était pareille.

Pour mes frères et sœurs, nous étions huit dans la famille. Commençons par mes grands frères. Jules, l'aîné, était gentil, dix ans de plus que moi, presque un homme, moi j'étais encore un gamin. Ce n'est pas lui qui m'avait appris à me défendre, trop gentil. Je pense même, que c'est moi qui aurais pu parfois le protéger. Il n'avait pas une bonne santé, il était souvent malade. Cette santé fragile, une histoire de bronche, l'avait tenu éloigné de la rue, là où on fait son apprentissage de la

____

[8] Particule en langue flamande de... quelque chose, par exemple le nom Vandenbrouck signifie du marais.

vie. Ma mère l'avait un peu couvé, ce qui expliquait sa timidité, sa réserve. Il lui ressemblait ~~à elle~~, pour le côté doux, parfois rêveur. Mais à la différence de ma mère, il ne se mettait jamais en colère, il ne faisait chauffer le matricule de personne. Venait ensuite Alexandre, le cadet. Lui, c'était un dur, c'est lui qui m'avait appris à me battre. C'est lui aussi qui faisait les pires conneries, comme disait mon père. J'avais vite compris que c'était encore plus grave que des bêtises. Pourtant, c'était lui qui nous défendait dans la rue, surtout mes sœurs quand des petits durs les embêtaient. Cela ne durait pas longtemps, elles étaient la plupart du temps tranquilles. On ne touchait pas aux sœurs d'Alex, comme on l'appelait dans la rue. Même que, en grandissant, cela les chagrinait, car plus personne n'osait leur adresser la parole. Elles se plaignaient qu'elles ne pourraient jamais trouver un mari.

Ce qui posa un gros problème d'ailleurs, le jour où Alex trouva une de mes grandes sœurs avec un garçon en train de l'embrasser dans une rue pas loin de chez nous. Car le garçon eut des difficultés pendant plusieurs mois pour embrasser de nouveau ma sœur, ou toute autre fille de toute façon. Les parents qui connaissaient mon père, vinrent se plaindre chez nous, en expliquant que ma sœur était consentante. Mon père fut un peu gêné par la tournure des événements, ne sachant quoi dire. C'est ma mère qui sauva la situation en expliquant aux parents du garçon qu'il fallait voir les bons côtés de la chose. Car leur gamin, ne pouvant plus embrasser, resterait fidèle à sa fille, qu'on verrait ainsi si c'était du sérieux entre eux. Je ne sais pas s'ils comprirent ce que voulait dire ma mère, mais ils s'en allèrent rassurés. Quant à ma sœur, elle se prit deux grandes claques ~~par ma mère,~~ ce qui lui laissa quelques marques pendant plusieurs jours. Finalement, le garçon ne fut pas le seul à être marqué par ce baiser.

Pour Alexandre, ma mère lui fit la leçon, en lui disant qu'un jour, on déposerait une plainte pour coups et blessures, qu'il irait en prison, donc il ne devait pas cogner aussi fort. Comme vous pouvez le constater, elle ne lui dit pas de ne pas le faire. Cela eut deux conséquences pour mes sœurs, la première, elles firent très attention quand elles embrassaient des garçons, la seconde c'est que les garçons qui le faisaient, devaient être très amoureux pour oser braver mon frère. Car l'affaire avait fait du bruit dans le quartier.

Le dernier de mes frères était comme on dit, l'intellectuel de la famille. Premier en classe, premier au catéchisme, premier en tout. Cela avait une furieuse tendance à m'agacer, car évidemment, on me le donnait en exemple.

– Prend exemple sur Georges, il est premier en classe, il n'a jamais de punition, lui !

Georges, qui était très fier d'être cité en exemple, me donna des conseils pour que je devinsse aussi bon que lui. Pourtant je pense à lui avec tristesse, car il est mort Georges. Il n'avait pas douze ans quand mes parents l'ont enterré, une sale maladie, je me souviens plus laquelle, mal soignée bien sûr. Ce n'est pas que mes parents n'appelaient pas le docteur, mais celui-ci avait une furieuse tendance à minimiser les choses.

– C'est un petit refroidissement, il reste au chaud, vous lui donnerez un sirop et vous lui appliquerez les ventouses[9], vous verrez, dans trois jours, il sera sur pied.

Sauf que, trois jours plus tard, Georges, il n'allait pas bien du tout, mais le médecin ne s'alarmait pas, de toute façon, il passait peu de temps chez nous. On ne pouvait pas toujours le payer immédiatement. Il préférait soigner les gens plus fortunés qui, eux le payaient rapidement,

---

[9] Souvent pratiqué à l'époque, il s'agit de petit récipient en verre où l'on enflamme à l'intérieur un bout de coton et l'on applique le verre dans le dos du malade. La combustion provoque une succion importante de la peau et, disait-t-on, permettait de décongestionner les bronches.

lui offrant par-dessus le marché quelque chose pour le remercier de ses bons soins.

C'est à partir de ce moment-là, que je mis à détester les médecins. Mon expérience plus tard de ceux de l'armée ne me fit pas abandonner ce sentiment. Au décès de Georges, une tristesse inouïe envahit la famille. Surtout ma mère, il lui resta une tristesse qui ne la quitta plus toute sa vie. Pourtant, elle avait aussi perdu des enfants, deux ou trois, je crois, au moment de leur naissance. Elle avait dû avoir du chagrin mais à l'époque cela faisait partie de la vie de perdre des enfants le premier jour ou les premiers jours de la naissance. Mais perdre un enfant à douze ans, cela la marqua profondément. Mon père aussi, fut bouleversé, mais il ne le montra pas. Pourtant je le compris, car il ne se rendit plus à l'estaminet durant des mois. C'est ma mère qui voyant ou devinant son chagrin, le força à y retourner, tout en le regrettant très vite par la suite.

À partir de ce moment, je me mis à travailler avec plus d'assiduité à l'école, non pas que je voulus remplacer Georges, il était comme chacun de nous irremplaçable, mais juste pour faire plaisir à mes parents car je pensais, naïvement, que cela atténuerait leur peine.

Bon, passons à mes sœurs, plus grandes que moi. Je fus leur poupon durant de nombreuses années. Je suppose qu'étant bébé, ou très petit, cela ne me gênait pas. Mais à partir de l'âge d'aller à l'école, cela commença furieusement à me déplaire. Hortense et Élodie, les jumelles, s'y prenaient à deux pour me mettre dans la catégorie du baigneur ou de la poupée que l'on n'a pas mais qu'on voudrait avoir. En plus, elles faisaient tout ensemble, ne se quittaient jamais, réagissaient de la même façon. Cela avait le côté très désagréable, lorsque vous vous disputiez avec l'une, vous aviez les deux sur le dos. J'avais l'impression parfois de voir double. Je suppose que cela leur plaisait bien d'être jumelles. Souvent, moi, je me parlais puis je me répondais. Pour elles, c'était pareil, à part que l'une répondait à l'autre. Elles arrêtèrent au bout d'un moment de me prendre pour leur jouet, surtout après que je fus en âge de les frapper. Pas comme pour « pif sanglant », non, moins fort, je savais doser les coups. Cela suffit à ce qu'elles me laissèrent un peu tranquille. Il faut que je vous parle d'Octavie, ma préférée. Elle était gentille mais en plus c'était la seule qui me parlait comme si j'étais un grand. Elle m'expliquait aussi beaucoup de choses. Pas les mêmes choses que Victor, mais d'autres, en me décrivant les sentiments ou les humeurs des personnes qui nous entouraient. Pourquoi, notre mère était en colère ou heureuse. Pourquoi notre père était triste ou joyeux. Pourquoi Alexandre était violent. Ce fut elle qui me permit de comprendre les réactions de mon entourage en fonction de ce que je disais ou de ce que je faisais.

Elle me manque tellement aujourd'hui.

Reste la dernière Marguerite. Enfin son vrai prénom, c'est Reine Marguerite. Pourquoi, donc mes parents lui avaient-ils donné un tel nom ? D'ailleurs, elle ne l'aimait pas. Elle demandait à ce qu'on l'appelle tout simplement Marguerite. C'est Octavie qui me donna un jour la réponse à ma question, car Victor n'aurait pas su me répondre là-dessus. C'était en hommage à une reine de je ne sais plus quel pays, pour faire bien et rendre hommage à celle-ci. Heureusement que mes parents ne m'avaient pas appelé Roi Charlemagne, j'imagine le nombre de coups que j'aurais dû donner à l'école pour défendre mon honneur.

Ce furent les plus belles années de ma vie. Elles me restent gravées dans la mémoire. Elles défilent lentement dans ma tête. Ces années-là, furent mon paradis.

Chapitre 3 Roubaix, 1903.

On venait de terminer l'école primaire, Victor et moi. C'était notre dernière année, celle du certificat.

On l'a obtenu tous les deux. Avoir son certificat, cela se fête. On avait un petit ruban bleu, blanc, rouge sur notre blouse et on avait fait claquer nos pétards[10]. On était fier, on faisait partie des grands. On se regardait aussi tristement, on ne serait plus ensemble comme avant, nos chemins allaient se séparer.

Victor, lui, continuerait ses études au lycée. L'instituteur avait poussé ses parents à l'inscrire pour qu'il poursuive l'enseignement. Il avait même dit qu'il pourrait devenir bachelier s'il faisait les efforts nécessaires. Un bachelier dans une famille, c'était rare. Je pensais qu'il y parviendrait. Pour moi, c'était différent, non pas que l'école ne me plaisait pas. Finalement les dernières années je m'étais appliqué et les résultats étaient au rendez-vous, même en grammaire. Mais j'avais dépassé mes treize ans[11], l'âge de pourvoir

---

[10] C'était la coutume à l'époque pour bien montrer que l'on avait obtenu son certificat d'étude.

[11] L'âge légal du travail à l'époque était douze ans.

travailler en usine et de gagner un peu d'argent pour faire vivre la famille, comme l'avaient fait avant moi mes frères et mes sœurs. Notre situation s'était un peu améliorée. Il y avait un peu plus d'argent à la maison. En dehors d'Alexandre et des jumelles qui avaient quitté la maison pour se marier et vivre leur vie, les autres étaient encore là. Ils travaillaient et ramenaient leurs salaires à la maison.

Alexandre était parti dans une autre ville, Armentières. Il travaillait dans le commerce du père de son épouse, la vente de bois et de charbon. Je pense que sa situation n'était pas mauvaise, il s'était assagi, et son travail devait canaliser son énergie. Les jumelles, elles, avaient trouvé le moyen d'épouser deux frères et d'habiter l'une à côté de l'autre, donc toujours inséparables. Jules était encore à la maison, pourtant c'était le plus âgé. Mon père disait qu'il était trop timide pour aborder une jeune fille et lui faire la cour. Il était marchand des quatre saisons, un des métiers que je voulais faire. Le travail à l'usine était trop difficile pour lui, de par sa santé fragile.

Victor et moi, savions que notre vie ne serait plus comme avant, que notre amitié allait durer mais que les circonstances devaient nous éloigner l'un de l'autre. Le jour de notre réussite au certificat, on s'est serré la main longuement, on savait. Demain, je devais rentrer à l'usine pour la première fois. Lui commencerait ses vacances d'été en aidant son grand-père qui était menuisier.

Octavie était devenue couturière. Elle avait du talent, non seulement, elle faisait des travaux de couture pour modifier les vêtements qu'on lui apportait, ou pour les réparer, mais elle créait parfois des robes ou des chemisiers. Elle commençait d'ailleurs à avoir un peu de succès et du monde venait la voir pour se faire fabriquer des vêtements. Elle les aidait à choisir les tissus et les couleurs. Notre salle de vie se transformait souvent en salle d'essayage. Cela n'était pas un problème. Maman tenait la maison toujours propre, et elle offrait le café aux personnes qui venaient.

Marguerite, elle, dépensait plus d'argent qu'elle n'en rapportait, dans les toilettes. Elle voulait des vêtements à la mode, donc pas question de les faire par Octavie. Elle était servante dans une maison bourgeoise, enfin elle était domestique comme elle disait. Mais à voir les habits qu'elle achetait, plus exactement qu'elle faisait acheter aux parents, on aurait pu croire que c'était elle, la maîtresse de cette maison bourgeoise. Comme, elle y travaillait toute la journée, et que le propriétaire était veuf avec encore quatre enfants à élever, je me demandais si elle n'avait pas l'intention de se faire épouser par celui-ci. Cela ne m'aurait pas étonné, car son objectif était bien de « s'élever dans les classes sociales » comme elle disait. Mon père piqua une colère lorsqu'il l'entendit prononcer ces mots.

– Dis simplement que tu as honte de nous, nous ne sommes pas bien riches, nous sommes des ouvriers, mais je suis fier moi, d'en faire partie. Les bourgeois et les patrons, ils ne sont là que pour nous exploiter !

Mon avis était que cela serait bientôt Marguerite qui exploiterait son patron. Elle nous racontait souvent les petites attentions qu'il avait pour elle, mais elle ne nous racontait pas la manière dont elle devait les provoquer.

Et moi dans tout cela, et bien, j'avais grandi, pas encore un adulte, plus un enfant. Cette dernière année d'école avait été la plus heureuse. Non seulement je n'avais plus de punition, puisque je travaillais mieux, mais en plus je prenais plaisir à suivre les cours. Inutile de vous dire, que très vite, je ne suis plus allé à la messe. Pas au début, mais après quelques mois, j'y allais d'abord une fois sur deux, puis sur trois, puis plus du tout. Ma mère ne disait rien, mes parents avaient passé un contrat entre eux. Jusqu'à la communion, leurs enfants suivaient la religion catholique, et ses rites. Ensuite, c'était à eux de choisir. Moi, j'avais choisi vite.

Mes frères aussi, sauf l'aîné qui accompagnait toujours maman à la messe. Mais je pense que c'était pour qu'elle ne soit pas seule. Car ma mère allait à la petite messe comme on l'appelait, celle de neuf heures, là où il y avait peu de fidèles. Mes sœurs, elles, allaient à la grand-messe, celle de onze heures. Celle où on pouvait se montrer et admirer les toilettes, car le dimanche, on mettait les beaux habits, et elles observaient attentivement les garçons qui y assistaient encore. Seule, Octavie la couturière n'y allait plus, elle avait fait le même choix que ses frères.

C'est à partir de cette année-là, que mon attention et celle de Victor s'était portée sur les filles. D'abord celles de l'école voisine, on pouvait les apercevoir de la cour de récréation à travers le petit muret qui séparait les deux écoles. Dans les premières années, on ne s'y intéressait pas, c'était un autre monde. Et puis dans la classe des « grands », on les remarqua, puis on essaya d'attirer leur attention. Je me souviens surtout de Rosalie, j'avais appris son nom par son frère qui était dans la même classe que moi. C'était une petite brunette, avec des cheveux très longs, des yeux noisette, un petit nez retroussé et surtout un regard qui vous pétrifiait sur place. Non pas qu'il fût sévère ou perçant, il me semblait au contraire d'une douceur extrême et d'une gentillesse de tous les instants, mais cela me désarmait. Ce fut d'ailleurs le sujet de notre première dispute entre Victor et moi.

— Je te dis qu'elle est moche, me disait Victor. Regarde bien, elle a des taches de rousseur sur le visage, ce n'est pas bon signe. En plus, elle trop petite et maigre à faire peur. Je pense qu'elle doit avoir un problème aux pieds.

— À quoi, tu le vois ?

— Et bien, elle marche avec précaution, un peu sur la pointe c'est évident.

— Mais non, Victor, elle marche avec grâce, comme pour ses gestes, elle les fait avec douceur.

— Ah, Henri, tu files un mauvais coton, je te le dis. Si tu n'arrives plus à distinguer la beauté de la laideur chez les filles, tu vas devenir curé, tu verras.

— Quel rapport ?

— Et bien, je pense que les gens deviennent curés parce qu'ils ne savent pas faire la différence entre certaines choses. Ils lisent donc l'Évangile qui leur dicte tout ce qu'ils doivent faire. Ensuite ils deviennent curés. Forcément en lisant toutes ces bêtises, ils finissent mal.

Il savait comme moi, que son argumentation ne tenait pas. Il me disait cela par dépit. J'ai compris plus tard que ce jour-là, notre complicité d'enfant était pour la première fois rompue de par mon attention attirée par l'autre sexe. Quelques semaines plus tard, il s'intéressait à Valentine, que je trouvais tout aussi moche que lui trouvait moche ma Rosalie. Mais on n' aborda plus le sujet de savoir si telle fille était jolie. Il suffisait que l'un de nous deux dise à l'autre qu'il la trouvait jolie pour que l'autre lui dise « Tu as raison, elle est jolie ». Nos discussions sur le sujet étaient tout autres.

– Comment tu vas faire, Victor, pour attirer son attention ?

– Et bien, je vais aller acheter des bonbons. Je vais l'aborder à la sortie, lui demander si elle en veut. Elle me répondra, c'est sûr, cela fera une entrée en matière.

– Une quoi ?

– Une entrée en matière, Henri, c'est ce que mon frère m'a expliqué, il faut trouver un prétexte pour entamer la discussion.

– Et ensuite ?

– Et bien, je lui parlerai de moi, de toi, de l'école, enfin je trouverai bien.

– Et si tu lui parlais tout simplement d'elle ?

– Pour quoi faire ?

– Victor, je pense que les filles aiment bien qu'on s'intéresse à elle, à leurs habits, à leurs goûts, à ce qu'elles font.

– Comment tu sais cela ?

– C'est ma sœur Octavie qui me l'a dit. Lui parler avec douceur et lui poser des questions pour lui montrer qu'on s'intéresse à ce qu'elle est et non pas à ce qu'elle représente. Je pense que ma sœur a raison.

J'avais évidemment captivé l'attention de Victor, qui me posa plein de questions, dont je connaissais les réponses. Comment on embrassait, comment se faisaient les enfants. Il me semblait que Victor n'avait pas eu les réponses par ses parents et qu'il n'avait de toute façon pas posé de questions sur le sujet. Pour moi, c'était différent, dans une petite maison, à dix avec des murs pas très épais, on entendait tout. Mes parents, mes frères et sœurs m'avaient vite donné les réponses avant même parfois que je pose les questions. Pour une fois ce fut moi qui répondis aux nombreuses questions de Victor, on avait inversé les rôles. Mais je le fis avec les mots d'Élodie, avec les mots qu'il fallait, sans vulgarité et sans honte.

– Tu es sûr de toi, Henri, c'est comme cela ?

– Oui, Victor, mais ce n'est pas de la fornication comme nous le disait le curé, à l'époque où on ne comprenait même pas ce que c'était. Ce sont des gestes d'amour, de tendresse et puis c'est un peu la nature aussi.

– Pourquoi nous décrire les choses qu'il ne connaissait pas ?

– Victor, je suis sûr qu'il connaissait, et qu'il l'avait déjà fait, mais il ne le dira jamais, sauf en confession. Tu te souviens du vicaire qu'on voyait passer dans la rue les jours de messe pour se rendre à l'église, le grand qui marchait toujours vite et qui parlait avec une voix terrible des flammes de l'enfer pour ceux qui avaient fauté en dehors des sacrements du mariage dans ses sermons ?

– Oui, celui qui était accompagné de ses prêtres, on aurait dit une bande de corbeaux en formation d'escadrille pour aller se percher sur l'autel.

– Et bien, celui-là, il avait eu une liaison avec la fille Amandine, qui est tombée enceinte. Tout le quartier le savait. Ses parents un peu simples, disaient que c'était l'enfant du seigneur. À les écouter, c'était de nouveau la Vierge Marie, enfin la vierge Amandine.

– Je me souviens, tout le monde se marrait, en la voyant communier.

– Oui, d'autant plus que c'était le vicaire qui lui mettait l'hostie dans la bouche, il y en avait toujours un dans le coin, qui disait tout bas, que ce n'était pas la seule chose qu'il lui mettait.

– Cela me conforte dans mes sentiments contre les curés.

– Bof, tu sais, ce sont pour la plupart, des gens qui n'ont pas eu trop le choix de faire autre chose, poussés par leurs parents. Mon père dit toujours qu'on rentre dans les ordres comme on rentre dans la carrière militaire, ce n'est pas le môme qui décide.

– Bon, pour en revenir à notre sujet, comment tu t'y prendrais ?

On passa un pacte tous les deux. Je ferai les premiers pas avec Rosalie. Mais n'ayant pas d'argent, il fallait que je trouve un autre prétexte pour « l'entrée en matière ». Victor voulut m'en donner, j'hésitais puis j'eus une autre idée. Heureusement, on était au printemps, et quelques petites fleurs étaient sorties de terre, notamment celles que j'aimais bien, les coquelicots. C'est Marguerite qui, sans le savoir me donna l'idée. La semaine précédente elle nous avait dit que son patron lui avait offert des fleurs et que cela lui avait fait plaisir, c'était une attention très délicate. J'expliquais mon plan à Victor.

– Tu es sûr de toi, les bonbons c'est mieux, tout le monde en mange avec plaisir.

– Et quand elle aura un bonbon dans la bouche et toi aussi, tu crois que tu pourras lui poser des questions et qu'elle pourra y répondre ?

Cela clôt définitivement les remarques de Victor. On se mit d'accord sur une date. Il devait m'observer de loin pour comprendre comment faire ensuite avec Valentine. Je me montrais très confiant, même si je n'en menais pas large. Restait à régler un dernier détail de la stratégie : comment faire pour aller cueillir des fleurs et se trouver ensuite à la sortie de l'école des filles, alors que j'étais en classe et que les heures de sortie étaient identiques ? C'est Victor qui trouva la solution. Il irait cueillir des fleurs à la sortie de l'école, le plus rapidement possible, et moi, je me posterais sur le chemin, juste avant sa maison pour la guetter. Il me rejoindrait avec les fleurs, me les donnerait et ensuite à moi de jouer.

On répéta notre plan et on fixa son exécution au surlendemain, un samedi. On avait un peu plus de temps pour traîner dans la rue, car le lendemain c'était un jour sans classe. Quand arriva le samedi, je passais une très mauvaise journée en classe, j'étais tremblant, pas bien du tout, je faillis renoncer à l'entreprise mais je ne pouvais pas me dégonfler devant Victor. Tout se passa comme prévu, je courus à mi-chemin entre l'école et sa maison, Victor arriva tout essoufflé avec quelques fleurs dans la main, me les donna juste au moment où je la voyais arriver vers moi. Mais catastrophe, je n'avais pas prévu qu'elle faisait le chemin du retour avec son frère. Que faire, soit je lui donnais les fleurs, son frère le dirait à tout le monde en classe et j'étais sûr de devenir la risée des copains, soit je ne le faisais pas et je me déjugerais devant Victor, bien sûr, mais aussi devant moi-même.

Elle arriva devant moi. Son frère me regarda un peu surpris de me voir me tenir devant elle. Et elle me regarda avec un air si doux, que je ne savais plus quoi dire. Je lui tendis le petit bouquet sans un mot, et lui fis juste un petit sourire. Mais à cet instant, c'est comme s'il n'existait que nous deux. Les autres personnes de la rue et même son frère s'estompèrent dans une sorte de halo blanchâtre et moi, je ne voyais qu'elle. Heureusement, c'est elle qui parla.

– Merci, Henri, elles sont très belles.

Elle prit le bouquet, regarda les fleurs, puis moi et ensuite me fit un baiser léger sur la joue, avant de continuer sa route. Son frère, pétrifié sur place, mit quelques instants avant de poursuivre son chemin et la rejoindre. Et moi, j'étais comme paralysé, incapable de faire le moindre geste. C'est Victor qui me tira de ma stupeur.

– Henri, je n'ai rien entendu de la conversation, mais j'ai vu qu'elle t'avait embrassé, t'es super-fort.

Je ne répondis rien à Victor sur le moment, je lui dis que je devais maintenant rentrer, mais je lui dirai tout demain. Il me fallait au moins ce délai pour me ressaisir et inventer une histoire. Le soir même, plein de questions me vinrent. D'abord elle connaissait mon prénom, donc elle s'était renseignée sur moi, auprès de son frère. Ensuite elle avait réagi comme si elle attendait ce geste de ma part, et enfin elle m'avait embrassée et j'étais persuadé qu'elle avait réfléchi à ce qu'elle devait faire si ce moment arrivait. Ce soir-là aussi, je compris qu'un regard entre deux êtres, avait parfois plus d'importance que de longs discours.

Le lendemain, je racontais à Victor l'essentiel mais sans me vanter. Par contre je lui cachais que je n'avais pas pu prononcer un seul mot. Mais je ne lui tues pas la phrase qu'elle m'avait dite et la lui répétait tellement de fois qu'il me dit d'arrêter, il avait compris. Bizarrement, son frère ne parla de rien à l'école, et je n'eus pas à subir des remarques moqueuses de la part des autres. Par la suite, j'ai accompagné Rosalie plusieurs fois sur le chemin de l'école et vers la fin de l'année, je lui ai même pris la main et on s'est embrassé plusieurs fois, mais pas sur la joue. Ensuite, ses parents quittèrent leur maison pour s'installer dans une autre ville. Moi je pris le chemin de l'usine et je ne la revis plus pendant des années. Mais elle restait gravée à tout jamais dans ma mémoire avec ses gestes, ses paroles et son regard.

Évidemment, Victor voulut m'imiter et reproduire la même chose qui, pour lui, avait été un franc succès.

Quelques jours plus tard, on inversa les rôles. C'est moi qui cueillais les fleurs, c'est lui qui se postait sur le chemin et attendait sa Valentine. Tout se passa comme prévu, sauf que je vis de loin le regard de la fille qui eut un recul de dégoût en voyant le maigre bouquet de fleurs ? Elle donna une gifle à Victor, tout en lui disant que s'il recommençait à l'importuner, elle le dirait à son père. Mon Victor me regarda, effondré et ne put que me dire que la même phrase.

– Je ne comprends pas ! Je ne comprends pas!

Je lui expliquai par la suite, que pour les sentiments, il fallait être deux. Peu importe les faits et les cadeaux, ils ne provoquent pas les mêmes réactions. Après ce jour, j'eus des aventures comme on dit, et pas seulement des promenades romantiques et des petits baisers. Non, j'eus des rencontres d'un soir, parfois des liaisons qui duraient plus longtemps. Je me mis à découvrir le corps des femmes, leur délicatesse, leurs courbes et leur sensualité. Je découvris les milles façons d'avoir du plaisir et de leur en donner. Mais rien de sérieux, il fallut attendre longtemps avant que je ne découvre autre chose, que je vous raconterai un peu plus tard.

Vint mon premier jour d'usine, j'embauchais un lundi, le premier jour du mois de juillet 1903, à l'usine Motte Bossut, une des plus importantes de la ville dans le traitement et le conditionnement de la laine et du coton. On y entrait par une vaste grille, flanquée de deux tours. Cela ressemblait de loin à un château fort. Des milliers d'ouvriers y pénétraient en même temps, au son des sirènes qui hurlaient le début de la journée de travail. J'étais accompagné de mon père qui y travaillait depuis vingt ans. Il était connu, et je sentais qu'il était fier que je sois à ses côtés. Il m'indiqua le bureau du personnel, qui se trouvait dans un petit bâtiment en dehors des ateliers, où je devais être présent pour les formalités d'embauche. La semaine dernière, il en avait parlé à un contremaître qui lui avait dit que je devais m'y présenter. Je frappais à la porte et entrais sans attendre la réponse. Ce fut ma première erreur dans le monde du travail.

– On ne vous a jamais appris à entrer dans un bureau lorsqu'on vous le dit et pas avant ?

– Euh, si Monsieur, désolé.

– Vous allez ressortir, frapper et attendre que je vous y invite.

La personne qui s'adressait à moi, ressemblait fortement à l'empereur Louis Napoléon Bonaparte que j'avais déjà vu en photo, à part qu'au lieu de porter un habit de général, il, portait une longue blouse en toile grise. Je ressortis du bureau, refermais la porte et frappais de nouveau puis attendis. J'étais persuadé qu'il me faisait attendre volontairement pour m'apprendre à ne pas avoir respecté les usages et bien me faire comprendre tout de suite, sa toute-puissance. J'étais décidé à attendre le temps qu'il fallait, pas question de me faire remarquer la première journée. Je me tenais près de la porte lorsque celle-ci s'ouvrit violemment et me heurta quelque peu. Dans une réaction immédiate, je repoussai encore plus violemment la porte dans l'autre sens et elle heurta quelque chose ou plutôt quelqu'un qui hurla de suite. C'était Louis Napoléon qui l'avait reçue dans le visage.

– Vous êtes une forte tête mais je vais vous dresser, moi. Et si je n'y arrive pas, vous serez viré.

– Désolé, Monsieur, je n'avais pas entendu, c'était un réflexe lorsque la porte s'est ouverte, je n'ai pas voulu vous faire mal.

Je compris rapidement que je ne m'étais pas fait un ami, Il me dévisagea longuement, s'assit à son bureau. Les autres personnes présentes dans la pièce se penchaient sur leurs travaux d'écriture et évitaient prudemment de me regarder. Je me fis un copain par la suite qui était commis aux écritures et présent lors de la scène, Jean Lepers. Il m'expliqua que ce jour-là, ils durent se faire violence pour ne pas éclater de rire. Le contremaître du service du personnel, un dénommé Philippe Delcourt, ancien sous-officier de l'armée, n'avait pas bonne réputation dans l'usine. C'était une peau de vache, qui se croyait encore dans l'armée et appliquait les mêmes méthodes pour se faire obéir et asseoir son autorité. Un climat de terreur régnait dans son service. Il humiliait les ouvriers qui devaient avoir affaire à lui pour des problèmes administratifs. Il m'expliqua aussi que l'un de ses jeux préféré lorsqu'il voyait un petit nouveau comme moi, qui entrait sans attendre l'invitation, était de le faire ressortir et ensuite de dire doucement d'entrer. Il était sûr que les personnes ne l'entendaient pas. Au bout d'un moment, il se levait de son bureau, ouvrait la porte violemment, généralement la personne la recevait sur le visage et il en profitait ensuite pour l'engueuler en lui disant que si elle continuait à écouter aux portes, elle serait licenciée. Il usait de ce jeu pervers pour asseoir son autorité sur le nouvel embauché. Malheureusement cela ne s'était pas déroulé tout à fait comme il le souhaitait en ce qui me concerne, et Louis Napoléon, car le surnom lui resta par la suite, évita de reproduire la même chose. Mais il me fit payer au centuple cet incident.

— Nom, prénom !

– Henri Becquet.

– J'ai dit NOM, PRÉNOM !

– Becquet, Henri.

– Quel âge ?

– J'ai eu treize ans le trois mars de cette année, Monsieur.

– J'ai dit quel âge, je n'ai pas demandé ta date de naissance.

– Treize ans.

– Ta date de naissance

– Le trois mars 1890.

– Ton père travaille ici ?

– Oui, Monsieur

– Profession de ton père

– Il est rattacheur[12] à l'atelier B.

– Ton adresse

– Cour Lamartine, rue Delespaul.

– Bien, tu seras affecté comme commis aux ballots de laine dans l'atelier A, tu percevras un salaire de trois francs par semaine de travail. Tu travailles du lundi au samedi, de six heures du matin à sept heures le soir. Une demi-heure de pause le midi pour déjeuner. Des questions ?

———————————

[12] Métier qui consistait à « rattacher » les fils qui se défaisaient.

– Aucune.

– Aucune, chef.

Dans mon trouble de l'embauche et de l'incident, je n'avais pas entendu ce qu'il disait exactement et avais compris « aucune chèvre ». Je ne savais pas bien ce qu'il sous-entendait mais je voulais confirmer son ordre.

– Non, aucune.

– Comment, tu fais la forte tête, tu refuses de me dire chef !

– Non.

Au moment où je prononçai ces mots, je sentis que ma carrière à l'usine ne se déroulerait pas comme celle de mon père. Mais je peux vous jurer que je ne voulais en aucune façon, le ridiculiser, toujours très troublé par les événements, et plus la conversation durait, moins je comprenais ce qui arrivait.

– Fous-moi le camp !

Je ressortis de la pièce avec mon carnet d'ouvrier[13] en main, qui devait me suivre toute la vie. Je savais que ce carnet, je devais le donner le matin lors de mon entrée

____

[13] Mis en place par le consulat en avril 1803, il fut abandonné après la guerre de 14-18. A Roubaix, il était signé par la maire ou l'un de ses adjoints tous les ans.

dans l'atelier, on y notait mon arrivée et le soir, je le récupérais à la sortie.

Jean Lepers me raconta par la suite, que le même jour, j'étais devenu un personnage célèbre dans toute l'usine. Pour les ouvriers et employés, j'étais devenu le symbole d'une opposition aux vexations des contremaîtres. La plupart étaient comme Louis Napoléon, des anciens sous-officiers de la Coloniale[14]. Mais aussi, et ça, c'était moins drôle, j'étais devenu la forte tête qu'il fallait absolument briser pour tous les contremaîtres, chefs, sous chefs et ingénieurs de l'usine. On peut dire que mon premier jour d'embauche était un franc succès.

Loin de deviner les suites de cette affaire, je me rendis à l'atelier A, en demandant mon chemin. Je savais que c'était une brimade de sa part de m'affecter dans cet atelier. La plupart du temps pour les fils des ouvriers qui venaient travailler, on les affectait au début dans l'atelier de leur père pour que ceux-ci puissent garder un œil sur eux et leur expliquer les rouages de l'usine. De plus, commis aux ballots, je savais ce que c'était, mon père m'avait décrit tous les métiers existants. Celui-là,

---

[14] Etant réputé pour le maintien de l'ordre, ils étaient souvent recrutés dans les usines à leur démobilisation avec comme priorité le respect de la discipline chez les ouvriers.

consistait à transporter les ballots de laine qui étaient dans l'entrepôt de déchargement, pour leur traitement dans l'atelier de tissage. Le ballot pesait plusieurs dizaines de kilos. On était équipé de grandes griffes qu'on plantait dans le ballot, on le tirait en un mouvement sec pour le charger sur les épaules afin de le transporter à l'atelier de lavage[15]. Généralement ce travail était donné aux adultes costauds, inutile de vous préciser qu'on se cassait les reins rapidement. Je n'étais pas à treize ans un gringalet, mais j'étais loin d'avoir ma taille et mon poids d'adulte.

Ce fut une journée éprouvante, le soir j'avais l'impression, d'avoir tous les os en miettes et les muscles déchirés. Je ne pourrai pas longtemps survivre à cet enfer. Retrouvant mon père à la sortie de l'usine le soir, il était évidemment déjà informé de ce qui m'était arrivé.

– Pourquoi as-tu voulu faire le malin ?

– Je n'ai rien voulu faire, il m'a piégé et m'a pris en grippe.

– Bon, je vais aller voir demain, le chef de mon atelier et je lui expliquerai en espérant qu'il puisse intervenir pour toi, il est moins Versaillais[16] que les autres.

____

[15] La laine est d'abord lavée et séchée pour enlever toute impureté.
[16] Depuis le soulèvement de la commune de Paris en 1870, le monde

– Merci papa, je suis désolé, je vais t'attirer des ennuis.

– Manquerait plus que ça, mon fils. Je suis fier de toi.

Je renonçais à lui expliquer que finalement, tout cela était une série d'incidents involontaires et de malentendus, car, malgré la douleur de mon corps, j'avais bien vu à travers le regard de mes compagnons ouvriers de cette première journée, que j'avais gagné leur respect. Et aussi parce que je sentais que j'étais rentré dans le monde adulte par la grande porte, et que je n'avais ni à rougir, ni à m'excuser de mon comportement. J'avais simplement et très rapidement été confronté à l'arbitraire et, sans le vouloir cette fois-là, j'avais résisté.

Ma mère ne fut pas du même avis que mon père. Elle voyait déjà les difficultés que j'allais devoir endurer par la suite. Mon père prit ma défense et monta l'affaire de telle façon que j'étais devenu et sans le savoir une sorte de héros de la résistance face aux patrons.

<hr>

ouvrier avait parfois l'habitude d'appeler ainsi les gens du pouvoir ou qui symbolisaient le pouvoir établi. Et ceux-ci nommaient communément les gens de gauche « les communards » ou « les camisards ».

Chapitre 4 Roubaix, avril 1905.

Dans les mois qui suivirent, je fus soumis à de nombreuses vexations de la part de la maîtrise de l'usine. À titre d'exemple, un jour je dus transporter les ballots de laine à l'autre bout de l'atelier puis les remettre au même endroit, le chef m'expliquant qu'il s'était trompé.

Heureusement, au bout de quelques mois et à bout de force, je fus affecté à un autre poste, apprenti au service des expéditions. La laine, une fois traitée, pouvait être envoyée dans tous les coins de la France par le train. On conditionnait donc les pelotes dans des caisses de bois puis on les transportait jusqu'à la gare pour les charger dans les wagons de marchandises. Cela me plaisait bien.

Après un moment, je pus moi-même conduire la carriole de l'usine jusqu'à la gare. Mon rêve s'était réalisé, je menais un attelage de chevaux. Le chef de notre atelier, Jean Leroy, était quelqu'un de sympa. Assez jeune encore, il avait réussi à obtenir cette promotion sans trop se compromettre. Il est vrai que la plupart du temps, les promotions étaient dues à la façon dont on se comportait avec la hiérarchie. Plus on était soumis et respectueux de leurs prérogatives, plus on pouvait penser avoir une infime partie de responsabilité et ainsi gagner un peu plus d'argent. Le travail de Jean consistait à surveiller ce que nous faisions, et à retranscrire sur un grand registre les expéditions en notant le destinataire, le nombre de caisses et la date. Ensuite, il faisait toutes les semaines une sommation de l'ensemble et donnait une feuille à la direction, qui reprenait les différents totaux. Comme j'avais eu mon certificat d'étude, à la différence de la plupart des ouvriers de l'usine, il me confiait parfois le registre pour que j'inscrive la production de la journée. Nous avions tous un code personnel et une ligne était inscrite pour chaque personne avec inscription de son travail de la journée, le nombre de colis emballés et le nombre d'expéditions.

La meilleure production était récompensée par une prime chaque semaine, pas bien énorme, mais c'était un plus dans le salaire. Comme nous étions vingt personnes dans cet atelier, inutile de vous dire que la compétition était rude. Je compris très vite que le patron avait inventé cette méthode pour augmenter fortement les cadences, sans dépenser beaucoup d'argent.

Entre-temps, et toujours sur le succès d'estime de mon premier jour d'embauche auprès des autres ouvriers, le syndicat m'avait approché pour que je le rejoigne. Il était interdit à l'usine, malgré la loi[17]. Les personnes syndiquées devaient le dissimuler et se réunir en dehors de l'usine. Si quelqu'un était soupçonné d'en faire partie, il était licencié par la direction. Au sein de l'usine, il ne servait pas à grand-chose, mais sous couvert de revendications diverses, il pouvait très bien déclencher un mouvement de grève. Cela arrivait rarement, les ouvriers avaient trop besoin de leur maigre salaire pour faire vivre la plupart du temps une famille nombreuse. Les jours de grève n'étaient, non seulement, pas payés mais étaient considérés comme absence illégale au travail et un forfait de trois jours de salaire était déduit.

J'avais été approché par Georges Vandendrieche, non seulement il faisait partie du syndicat mais il militait aussi au sein du parti de gauche, la SFIO[18], et comme il se présentait sur la liste du parti pour les élections municipales, il était un peu plus protégé que les autres.

— Bonjour, je m'appelle Georges, j'ai appris ta conduite lors de ton embauche.

---

[17] La liberté d'être syndiqué est reconnue par une loi votée le 28 mars 1884 sur les syndicats professionnels. Interdit dans beaucoup d'entreprises, c'est la loi du 27 décembre 1968 qui reconnait le droit au syndicat de disposer de moyens d'action au sein de l'entreprise.
[18] Crée en 1905 de par la fusion du Parti socialiste de France de Jules Guesde, ex Parti Ouvrier et du Parti Socialiste Français de Jean Jaurès

– Bonjour, je n'ai pas fait grand-chose mais ils me l'ont bien fait payer !

– Justement, raison de plus pour que tu nous rejoignes au sein du syndicat.

– Pour faire quoi ?

– Pour nous battre, te battre contre ces conditions de travail.

– Cela change quelque chose, votre action ?

– Non, mais on ne peut pas ne rien faire.

Mon père faisait partie du syndicat, et m'avait expliqué leurs revendications. Mais je savais aussi que pour l'instant peu de choses avaient évolué au sein de l'usine, et les conditions de travail, étaient à peu de chose près, celles qu'avaient connues nos pères et nos grands-pères.

– Et cela change quoi d'en faire partie ?

– Le jour où nous serons tous syndiqués, ils ne pourront plus nous ignorer. Notre principale revendication est de faire reconnaître le syndicat comme légitime pour pouvoir négocier avec la direction.

– Négocier quoi ?

– Le salaire en tout premier lieu, une baisse des heures de travail, une pause plus importante pour le repas du midi, et enfin des salaires identiques pour tous, à travail égal. Tu sais que les femmes et les jeunes sont moins payés que les hommes[19]. De plus, le salaire est aussi laissé à l'appréciation de la maîtrise. Et enfin, un minimum de salaire pour ceux qui se blessent au travail. C'est une honte qu'ils doivent s'arrêter, et que, durant ce temps d'absence, ils ne soient pas payés.

– Cela me parait bien, mais je ne suis pas sûr que votre action soit d'une efficacité exemplaire.

– Rejoins-nous, tu pourras ainsi en juger, si cela ne te convient pas, tu pourras le dire en toute connaissance.

Et, c'est ainsi que je rejoignis le syndicat, comme je n'étais pas encore majeur, je n'avais pas à acquitter la cotisation, minime, qu'il demandait à chaque adhérent. De plus une caisse de solidarité existait, puisque des cellules de syndicalistes existaient dans presque toutes les usines. Celle-ci permettait d'aider les ouvriers, victimes d'un accident et qui étaient de ce fait dans la misère. C'est ce qui m'avait décidé.

J'appris par la suite, lors des réunions qui se tenaient chaque semaine dans un local différent, les luttes, les revendications, les théories sur le capital et sur le travail. Ces réunions se tenaient souvent dans des estaminets, dont les patrons étaient d'anciens ouvriers ou sensibles

---

[19] Pour exemple, le salaire des enfants était trois fois moins élevé que celui des adultes pour un horaire équivalent.

aux revendications du monde ouvrier. Je les trouvais finalement intéressantes, cela permettait de nous former et de nous éduquer sur des sujets qu'on n'apprenait pas à l'école, et de découvrir une partie de l'histoire qui ne figurait pas dans les manuels scolaires. La seule critique que je pouvais faire, c'est que cela ressemblait parfois à mes cours de catéchisme.

— Oui, camarades, nous devons lutter pour de meilleures conditions, un juste salaire et la reconnaissance de nos droits fondamentaux. Il faut y croire, notre mission est de convertir les indécis, de les faire rejoindre notre mouvement, et de nous battre ensemble pour supprimer l'enfer que nous connaissons, car ces diables de patrons nous avilissent et refusent que nous puissions connaître le bonheur.

— Camarades, j'ai une question à poser.

Mais pourquoi donc, m'étais je levé et avais parlé ?

— Pourquoi ne pas faire de la réclame[20] !

Un silence pesant et presque religieux envahit l'assemblée. Je voyais bien dans certains regards qu'on me plaignait. Malgré mon jeune âge, j'avais déjà dû forcer trop sur l'absinthe. En fait, quelques semaines plus

---

[20] C'est le début de la publicité qui prend son essor à cette époque.

tôt, j'avais compris en voyant la réclame dans les journaux que cela permettait à des marques de se vendre. J'avais trouvé cette idée intéressante pour faire connaître les noms de ces produits et les décrire.

– Dans quelques mois, il y aura les élections législatives et si on fait connaître nos conditions de vie dans l'usine, ils seront en ligne de mire. Ils auront la pression des autres patrons qui traitent mieux leurs ouvriers, notamment dans le milieu industriel ou dans les mines[21]. Ils comprendront que le mauvais exemple qu'ils donnent, peut faire élire de nombreux députés de gauche, et les partis de la droite leur demanderont de négocier avec nous. Nous devons faire connaître à l'extérieur ce que nous subissons. Et faire ainsi de la réclame, enfin de la propagande.

Après quelques instants de silence, une véritable ovation retentit dans la salle. Je n'étais pas peu fier du franc succès de mon intervention, par contre je le fus moins dans les minutes qui suivirent. Georges prit la parole.

– Notre camarade Henri a raison, c'est un bon moyen de faire connaître notre lutte, je propose qu'il coordonne

----

[21] En 1906, le travail de huit heures par jour est appliqué dans les mines.

cette action et fasse le nécessaire pour son succès. On va voter, qui est pour ?

Évidemment, le vote positif fut massif, et c'est ainsi que je me retrouvai du haut de mes seize ans comme « secrétaire de la section pour la coordination des actions externes et de la propagande nationale ». Rien qu'à prononcer ce titre, j'étais déjà fatigué mais surtout inquiet de la suite.

Le lendemain soir, je courus chez Victor et lui racontai ce qui s'était passé.

– Je ne sais pas pourquoi, j'ai voulu faire le malin, cela m'apprendra, je suis le dernier des couillons !

– Henri, au contraire, c'est fantastique. Je vais t'aider. On va lancer une action énorme, on sera à la réunion du monde ouvrier et lycéen contre le capital.

– Tu rêves ! Je ne sais pas comment faire.

– C'est simple, je vais t'aider à rédiger des lettres qu'on enverra aux journaux. On expliquera ce qui se passe dans l'usine et quelles sont les demandes des ouvriers pour améliorer les choses. Tu verras, certains périodiques publieront les revendications.

– Victor, si on sait dans l'usine que je suis derrière tout cela, je suis viré, je perds mon boulot et je ne serai plus jamais embauché ailleurs.

– Tu prends un pseudonyme.

– Un quoi ?

– Un nom d'emprunt pour que l'on ne sache pas que c'est toi.

L'idée commençait à me séduire, et puis il faut bien l'avouer, nous étions dans nos rêves d'adolescent, et refaire le monde, c'était plaisant. Passer à l'action, sans trop réfléchir, c'est le privilège de cet âge. On regrettait parfois et même souvent les conséquences, mais si l'on ne l'avait pas fait, nous ne serions pas devenus des adultes. Victor savait rédiger des courriers, et je peux vous dire qu'il avait une prose agréable. Il m'avait souvent fait lire les rédactions qu'il devait faire en classe sur des sujets très divers. C'est donc lui qui s'y colla, tout en prenant note des faits que je décrivais.

Je fis lire la lettre, que nous comptions envoyer aux journaux, à Georges Vandendrieche.

– Excellent, tout y est. Mais tu ne parles pas de ce que nous voulons.

–Non, on a pensé, enfin j'ai pensé qu'il fallait d'abord décrire les choses et en faire plusieurs, ils les publieront en épisodes. On enverra un double aux personnes politiques qui nous soutiennent. Une fois que le tableau sera bien décrit, on passera à nos propositions. Dans un premier temps, on imitera Monsieur Zola, et puis dans le second temps Monsieur Jaurès.

– Mais, il faut signer les articles.

– C'est là où je bloque, je ne peux pas les signer avec mon vrai nom.

– Évidemment, on les signera du nom de notre syndicat.

–Non, enfin si on fait comme ça, les journaux ne vont pas les publier. Il faut faire comme si c'était un ouvrier parmi d'autres qui le fait, cela devient un témoignage.

– Tu as une idée ?

– Je pensais les signer par mon prénom, Henri.

– Non, ils vont vite comprendre, les Henri sont nombreux dans l'usine, mais les fortes têtes comme toi et se prénommant Henri, ils ne sont moins nombreux.

– Je te propose Jules Vallès[22].

– Excellent, c'est vrai que ta lettre ressemble à ses écrits.

Et c'est ainsi que le « roman-feuilleton » de l'usine Motte-Bossut débuta. On envoya la première à de nombreux journaux. Dans un premier temps, seul le journal l'Humanité[23] la publia avec un commentaire adéquat du journaliste :

---

[22] Ecrivain et homme politique français, il fut élu à la commune de Paris en 1871, Il fut condamné à mort, et dut s'exiler à Londres.
[23] A l'époque, c'est un journal socialiste, fondé par Jean Jaurès.

« Des pratiques esclavagistes dans les usines textiles de Roubaix. Nous publions ci-joint une lettre d'un ouvrier qui a pris le pseudonyme de Jules Vallès, le célèbre écrivain et combattant de la commune de Paris. Il décrit des pratiques d'un autre âge et des conditions de travail déplorables. Nous avons enquêté et cela correspond à la vérité. Nous avons donc publié ce témoignage qui, nous l'espérons sera suivi d'autres. »

Inutile de vous dire que cela fit grand bruit. D'autant plus qu'elle était publiée par un journal national. Du coup, une partie de l'information fut reprise par les journaux locaux, mais d'une façon beaucoup plus édulcorée, car cette presse était sous l'emprise des patrons lainiers de la région[24]. Par contre, les démentis et les déclarations de la direction de l'usine furent publiés avec célérité dans ces mêmes journaux.

« Des conditions de travail exemplaires dans les usines de notre ville. Il est à noter qu'après les déclarations fallacieuses d'un soi-disant ouvrier, la corporation textile de notre ville a vivement réagi et a cité en exemple le sort des ouvriers qui sont très satisfaits de leurs conditions de travail, d'après les déclarations recueillies par notre journal. »

---

[24] Notamment le plus important et le plus diffusé « le journal de Roubaix »

Et voilà, c'était parti et au-delà de ce que nous imaginions. D'autant plus qu'entre-temps, d'autres lettres étaient parties, de nouveau publiées et des démentis leur répondaient. Du coup, la quasi-totalité de la presse nationale et régionale parlait de la ville de Roubaix et de ses usines. Victor et moi prenions du plaisir maintenant à la rédaction, car j'y participais aussi. On le tournait de plus en plus en feuilleton de la vie quotidienne, avec nous le pensions, de l'humour.

« Une reconversion réussie pour les officiers de la coloniale dans les usines textiles de Roubaix. Notre correspondant ouvrier nous fait parvenir cette description très explicite des pratiques de la maîtrise de ces usines textiles dans le plus pur esprit militaire, tel que nous l'avait déjà décrit Émile Zola à travers l'affaire Dreyfus. »

La conséquence immédiate de cette campagne fut qu'on lisait les journaux dans les estaminets, et que leur vente avait explosé. Cela avait donné des sentiments variés chez les ouvriers de la ville. Certains étaient fiers qu'on parle d'eux et enfin que l'on connaisse ce qu'ils subissaient au jour le jour. D'autres ne l'étaient pas, car souvent la misère et les humiliations se cachent et les victimes ne veulent pas que l'on en parle.

J'avais gardé une discrétion absolue sur ce que Victor et moi faisions. Seul Georges le savait, et on n'abordait plus durant les réunions comment je devais agir, car il avait précisé aux autres qu'il ne savait pas qui était Jules Vallès mais que le résultat allait dans le sens de ce que nous voulions. Même dans ma famille, personne ne se doutait que j'étais derrière ces écrits, ce qui amenait parfois des discussions bizarres.

– Ah, ce Vallès, quel talent, si nous avions quelqu'un qui lui ressemblait dans la famille, nous pourrions en être fiers, dit un jour mon père.

– Parce que tu crois que cela serait une bonne chose, intervint Marguerite, je te signale que Monsieur Ferdinand –c'était son employeur– le traite de communard menteur, il dit que tout est inventé.

– Rien n'est inventé, tout est vrai, Henri et moi, on le vit chaque jour.

– Tu ne dis rien Henri, fit ma mère en me regardant.

– Que faut-il en dire ? Que tout est vrai comme le dit papa, et que l'on peut espérer que cela permettra de faire changer nos conditions de travail.

–Ce n'est pas l'avis du curé, me répondit-elle. Dimanche dernier, il a dit pendant le sermon, que Dieu ne voulait pas que les choses changent et que si les ouvriers prenaient la place des patrons, cela serait le chaos. Le socialisme était contre Dieu et l'église.

Octavie prit enfin la parole.

– En tout cas il a dû bien travailler à l'école pour écrire comme cela, ou avoir eu beaucoup de dictées à recopier.

Personne ne comprit ce qu'elle voulait dire, à part moi. Elle avait compris qui était Jules Vallès.

À l'usine, c'était l'effervescence. Les contremaîtres faisaient un peu plus attention à ce qu'ils disaient. Les brimades étaient moins fréquentes, surtout que dans le dernier épisode de ce qu'on intitulait maintenant « Chroniques quotidiennes de la vie chez Motte-Bossut », Victor et moi on avait cité Louis Napoléon. Il est vrai que je voulais prendre ma revanche et j'en avais l'occasion.

« Le chef du personnel des usines Motte-Bossut devient proxénète. Nous allons vous parler aujourd'hui de quelqu'un, le chef du service du personnel chez Motte-Bossut, que l'on surnomme Louis Napoléon. Pourquoi ce sobriquet. Parce ce chef ressemble beaucoup à feu l'empereur à quelques différences près. Moins intelligent bien sûr mais surtout plus petit, il semble pourtant faire preuve d'imagination, quand il

s'agit de brimer les ouvriers de l'usine et de les humilier plus que nécessaire. Ce petit chef de service, qui a eu une destinée moins glorieuse que l'oncle de son pseudonyme a cependant une vie bien remplie dans la recherche de la bêtise. Il a aussi de l'intérêt pour les dames qui travaillent à l'usine, afin d'obtenir des faveurs en contrepartie de postes moins fatigants ou de payes plus élevées. Il nous semble que ce type d'agissement est puni par la loi, mais on doit considérer dans l'usine Motte Bossut que le métier de souteneur n'est pas à condamner ».

Cet article fit l'effet d'une bombe, on était passé à autre chose dans notre descriptif. On s'était attaqué à quelqu'un en plus de s'attaquer au système. Une rapide enquête de la direction montra que l'on n'avait rien inventé. Louis Napoléon fut donc renvoyé, très discrètement et avec une indemnité, apprit-on par l'un des commis en écritures du service. Par contre, la direction commençait à chercher activement la source des articles et on fit savoir qu'une prime serait attribuée à celui qui dénoncerait l'auteur de ces infamies et de ces mensonges.

Évidemment cela suscita de nombreuses dénonciations, et même si certaines semblaient fantaisistes, comme de citer telle personne qui ne savait ni lire, ni écrire ou de dénoncer tel autre qui ne parlait que flamand, je sentais que l'étau allait commencer à se resserrer. Je sus quelques jours plus tard que l'on m'avait cité et que je faisais l'objet d'une enquête. Des inspecteurs de police filaient et surveillaient certains ouvriers, et j'en faisais partie. Georges me passa donc la consigne de tout arrêter et de rester très discret pendant quelque temps, et surtout de faire attention quand je voyais Victor.

– N'oublie pas qu'ils doivent surveiller la poste principale, et tous les courriers adressés aux journaux. Ils peuvent ainsi remonter jusqu'à la source.

J'aurais dû m'en tenir là et suivre le conseil de Georges, mais dans mon adolescence insouciante, je me croyais plus fort qu'eux et je décidais de frapper un grand coup en adressant un dernier courrier avant de le suivre. Victor et moi, on se voyait en dehors de chez lui pour ne pas impliquer ses parents. On allait donc se promener sur les bords du canal le dimanche, comme d'autres roubaisiens et on profitait d'un endroit discret pour rédiger nos missives.

– De toute façon, Henri, on a réussi notre objectif, on en parle à la Chambre des députés et le gouvernement est sous pression. On évoque aussi la possibilité de changer les lois sociales et d'accorder des avantages aux ouvriers. On évoque de plus en plus la possibilité de faire reconnaître les syndicats dans les usines textiles et de mener des négociations.

– Faisons un dernier courrier où l'on parlera des revendications.

– Comment l'intituler ?

– Les misérables du textile !

– Pas mal, on écrit sur les conditions de travail et les lois sociales qu'il faudrait mettre en place pour lutter contre la misère.

– Et la conclusion, rien de changé depuis 1830 à la filature Motte Bossut, date du livre de Monsieur Hugo.

– Allons-y, on a du boulot.

Cela nous prit tout l'après-midi et la soirée pour en faire le brouillon. Heureusement nous étions en été.

– Je vais recopier l'ensemble et je la poste demain, me dit Victor.

– Fais attention, Georges m'a dit que la poste est surveillée, tous les courriers adressés au journal sont ouverts.

– Je vais attendre le jeudi et je la posterai à Tourcoing.

Chapitre 5 Roubaix, septembre 1905.

« Notre correspondant journaliste Jules Vallès à l'usine Motte-Bossut de Roubaix vient de nous écrire, nul doute de la réalité de cette vie misérable qu'il décrit dans ces usines et des conditions épouvantables que subissent les ouvriers. »

«Aujourd'hui, je vais vous décrire la vie de François. Il est ouvrier au sein de l'unité de nettoyage de la laine. Il a trente ans, il en parait soixante. Usé par la fatigue, la chaleur et l'abrutissement de son travail, sourd de par le bruit infernal des machines, c'est le seul à vouloir le continuer, physiquement, il n'en peut plus. Mais personne, et surtout pas vous lecteur, n'aurait le courage ni la volonté de le remplacer à son poste. Mais il a une famille nombreuse et des enfants malades, il continue à le faire. Il mourra dans les quelques années qui viennent. Je l'ai vu hier, plongeant les grosses mottes de laine dans les bains chauds de produit de nettoyage. Personne ne s'approche de lui, il est presque nu, face à son univers qui ressemble à l'enfer. Il sait au plus profond de son être, qu'il ne pourra échapper à son destin. Quand je l'ai vu pour la première fois, il m'a souri, souri avec un air de dément, j'ai pensé qu'il était soul, mais non, il était simplement ivre de douleur, de fatigue et de fureur.

Fureur du travail, qu'il accomplit chaque minute, sachant pertinemment que celui-ci le ronge. Et pourtant, il ne gagne presque rien, dix francs par semaine pour un travail de 72 heures. Pas de repos, en dehors du dimanche. Pas de prime pour la dangerosité de son travail. J'ai vu ses bras, ils sont brûlés, ils ne ressemblent plus aux bras d'un humain, ils sont rongés par l'acide, la chaleur et les brûlures qu'il a subies. Il m'a souri, d'un air un peu béat, ne sachant pas si je venais le voir pour admirer ce qu'il faisait ou si je me moquais de lui. Car, on le moque, et surtout les contremaîtres et le directeur qui le regardent jour après jour comme une bête curieuse, un peu identique à celles que l'on voit dans les zoos, le dimanche, et pourtant, c'est un homme. Un homme qui vit une situation pire que les animaux exotiques que nous admirons derrière les cages. Et ses gardiens, ce sont les contremaîtres qui le maltraitent et ne lui octroient aucune pause plus importante qu'à ceux qui passent leurs journées assis dans un bureau. Il y a trois mois, il a eu un accident de travail. Brûlé au visage, perte d'un œil. Il ne s'est pas arrêté, il ne pouvait pas, sa famille devait manger. Il a continué à travailler. Travailler douze heures par jour, six jours sur sept, cinquante-deux semaines par an. Il va mourir, et pourtant aucun tribunal ne l'a condamné, il ne s'est rendu coupable d'aucun délit, mais le patron l'a condamné à la mort. Condamné comme un forçat. Un jour, il a été malade, il a demandé à ne pas venir pour une journée, se reposer et reprendre le lendemain. On lui a refusé cette journée, on lui a dit que s'il ne venait pas, il serait licencié, bien que ses bourreaux savaient qu'ils ne pouvaient pas le remplacer, personne ne voulait prendre sa place. On le condamne à mort, jour après jour, mais aucun sursis ou geste d'humanité ne viendra. Aucune augmentation de salaire ne lui a été octroyée, depuis dix ans. Depuis qu'on lui a dit qu'il devait faire le travail au milieu de cet enfer. C'est un assassinat, mais aucun tribunal ne viendra condamner ses chefs qui le forcent à continuer. Ce que nous décrivons est une réalité, qui se passe dans nos usines textiles et dont personne ne parle. »

Ce dernier billet eut, là aussi, un retentissement énorme. Tous les journaux reprirent les faits, des journalistes se pressaient aux portes de l'usine. Des ouvriers étaient interrogés, la direction sous pression était constamment appelée par les journaux pour commenter les faits. Même les journaux de droite et l'Église prenaient parti et demandaient que des réformes puissent voir le jour pour améliorer la vie des salariés. Des patrons des autres fabriques dont les conditions de travail étaient identiques, juraient leurs grands dieux, qu'heureusement pour leurs ateliers, les choses étaient différentes.

Un fort mouvement de mécontentement voyait le jour. Des comités de soutien se créaient, et des mouvements de grèves sporadiques commençaient à se manifester à travers toutes les usines de la région. Nous avions réussi notre mouvement au-delà de toute espérance.

Évidemment, le syndicat en tirait avantage en précisant que grâce au fort mouvement syndical, initié par son combat, les murs du patronat étaient ébranlés et les revendications seraient acceptées. Même Georges jouait à l'initiateur de ce qui se passait et devenait une sorte de héros de la résistance du monde ouvrier. Quant à Victor et à moi, sans être dupes de ce qui se passait, on n'était pas peu fier d'avoir réussi à forcer le destin.

– Salut, Victor. Je viens de voir Georges.

– Il est fier de nous.

– Non, il s'en fout, il joue au grand chef syndical, son avenir dans le syndicat et le parti est assuré. Il nous demande de ne plus écrire.

– Pourquoi, cela devient dangereux pour nous ?

–Non, des négociations sont engagées. Une loi sera votée pour le respect du repos dominical[25].

– C'est tout ?

– On voudrait aussi réduire le temps de travail à quarante-huit heures par semaine. Et créer des inspecteurs du travail qui iront visiter les usines pour voir si le droit est respecté. Bien sûr, nos articles ne sont pas les seuls déclencheurs de ces négociations, mais ils ont contribué à ce que la corporation patronale du textile[26] commence à négocier.

Malheureusement, nous n'avions pas vu que nous étions surveillés par la police. Tout alla très vite. Nous avions cessé nos envois pour alimenter notre « roman-feuilleton », mais la machine était en marche afin de nous broyer.

Quelques jours plus tard, je fus appelé par la direction. J'entrai dans le bureau du directeur, il était entouré du nouveau chef du personnel et du chef de l'atelier où je travaillais. Ce qui me dérangea le plus, c'était les deux douaniers en uniforme qui étaient aussi présents.

– Henri Becquet, ces inspecteurs de la Douane nous disent que vous vous livrez au trafic et à la contrebande de tabac et d'allumettes.

---

[25] Elle sera votée le 13 juillet 1906.
[26] Il s'agissait du consortium des patrons textiles de Roubaix Tourcoing.

C'est vrai que je ne vous ai pas parlé de cette activité. Oh, je ne voulais pas vous le cacher, cela faisait partie de ma vie depuis deux ans, mais inutile de vous alarmer avant. Je sais, c'est mal et c'est répréhensible, mais comment interdire à un habitant de la région de faire de la contrebande entre la Belgique et la France, quand la frontière n'est qu'à quelques kilomètres. C'est comme si vous vouliez interdire à un breton de parler en breton, à un Marseillais de faire la sieste, à un corse de faire la vendetta, à un alsacien de marcher au pas, ou à un parisien de chanter.

Bon, je vous explique. Le tabac est moins cher en Belgique, donc comme beaucoup d'autres, enfin certains, j'allais la nuit acheter du tabac en Belgique et je le revendais en France à un prix inférieur à son prix normal. Pour les allumettes, c'était pareil. Remarquez, mes meilleurs clients étaient les estaminets qui vendaient le tabac, puisqu'ils me l'achetaient moins cher qu'à la Régie Française du Tabac. Bien sûr, cela était interdit et la douane veillait à tous les postes frontières, mais comme je connaissais tous les petits chemins sans surveillance qui me permettaient de me retrouver de l'autre côté de la frontière, c'était facile. Encore que la douane volante surveillait et connaissait les mêmes chemins. Mais les douaniers avaient une furieuse tendance à avoir des horaires fixes pour la surveillance et les rondes. Donc avec un peu d'observation, on y arrivait. Bien sûr le profit était intéressant, cela me permettait pour les bons mois, de doubler mon salaire.

Je pensais immédiatement que j'avais été dénoncé. C'était la majorité des cas d'arrestations, car les gens qui le faisaient, étaient rémunérés par la douane. Je ne sus la vérité que lors du procès.

– Tends tes mains ! On t'emmène.

Et c'est ainsi que ce jour-là je ressortis de l'usine avec les bracelets. Ils se rendirent chez moi, et au grand désespoir de ma mère, se mirent à fouiller la maison, et bien sûr trouvèrent du tabac belge en quantité telle qu'il était impossible de penser que je puisse la fumer pour mon usage personnel. Ils me conduisirent ensuite à la brigade des douanes.

Chapitre 6 Roubaix, avril 1907.

Je me trouvais devant le tribunal correctionnel de Lille. J'avais été arrêté trois mois auparavant, mis en prison durant une semaine, puis relâché en attendant le procès. J'étais inculpé de fraudes aggravées et risquais une peine de prison de plusieurs semaines mais surtout une lourde amende. Le jugement se passait dans une petite salle du tribunal. Je m'y étais rendu le matin même et j'étais assis sur un banc au même titre que les autres accusés qui comparaissaient comme moi et souvent pour les mêmes motifs. La moitié des jugements devant se dérouler lors cette journée, concernait des affaires de contrebande. Les autres allaient du vagabondage au vol, en passant par les coups et blessures. Seul un cas se distinguait, il s'agissait d'un anarchiste qui avait brisé la vitrine d'un bijoutier installé dans la Grand-Rue de Roubaix, s'était emparé des bijoux et les avait jetés dans la foule en criant aux passants « Vive l'anarchie ». Son cas était grave. La séance était publique et une petite foule était assise dans la salle. Je remarquai même une grand-mère qui tricotait en relevant parfois la tête pour nous dévisager. Mon voisin me dit tout bas :

– L'année dernière quand j'ai été condamné, elle était déjà présente.

– Condamné, pour quel motif ?

– Contrebande d'alcool.

– Et aujourd'hui ?

– Contrebande de tabac, mais j'ai des circonstances aggravantes.

– Pourquoi ?

– J'ai utilisé mon chien comme passeur[27].

– Tu as été dénoncé ?

–Non, je n'ai pas eu de chance. Le champ que je traversais régulièrement de nuit avec mon chien qui me précédait, avait été clôturé par le paysan. Il s'est arrêté et m'a attendu sagement. Et moi, je me suis pris dans les barbelés. Les gabclous[28] étaient à la fête. Et toi ?

– Contrebande de tabac.

– C'est la première fois ?

– Oui.

– Tu auras une peine de prison mais tu peux t'en tirer avec du sursis, par contre, tu auras une amende importante.

Je sentis une brusque accélération des battements du cœur et je commençai à transpirer. Comment allais-je payer cette amende ?

---

[27] Souvent utilisé, cela permettait de transporter plusieurs dizaines de kilos sur le dos de l'animal. Si un douanier attrapait un chien portant du tabac, il avait le droit jusqu'en 1935 de lui couper une patte

[28] Surnom des douaniers, vient du nom de la taxe sur le sel, la gabelle.

– Et toi.

– Oh, moi, si j'échappe au bagne, j'aurais de la chance. Je suis multirécidiviste comme ils disent. Et puis, j'ai frappé le douanier qui me serrait un peu trop fort.

La cour entra et le greffier demanda à l'assistance de se lever. Mon avocat était dans la salle, il devait ce jour plaider pour plusieurs accusés. Durant l'instruction, il n'avait pas parlé, se contentant d'écouter. Il ne m'avait pas adressé la parole, sauf pour me dire qu'il fallait reconnaître les faits. Je ne savais pas ce qu'il allait dire durant la plaidoirie.

Mon tour arriva. Le juge président commençait à s'ennuyer, et fit signe à l'un des juges assistants de lire l'acte d'accusation. J'entendis debout, les faits qui m'étaient reprochés. Le président s'enquit ensuite de mon identité et me posa la question de savoir si je reconnaissais les faits.

– Oui, Monsieur le président.

– Bien, Monsieur l'avocat général, je vous laisse la parole.

– Monsieur le président, l'affaire que nous évoquons aujourd'hui est simple, l'accusé s'est rendu coupable de fraude de marchandises, et de contrebande de tabac et d'allumettes. Il a reconnu les faits. Il est donc coupable et le Code Pénal décrit clairement les peines qu'il peut encourir. Mais je vous demanderai de le condamner à la sentence la plus lourde, et malgré le fait que c'est sa première condamnation. Pourquoi, me direz-vous ? L'homme que vous avez devant vous est un anarchiste[29]. Nous le soupçonnons d'avoir pris le nom de Jules Vallès, et d'être l'auteur des mensonges innommables qui, durant des mois dans la presse, a décrit de soi-disant conditions de travail inhumaines dans nos usines du nord de la France.

Au même moment, je compris pourquoi je me trouvais dans cette salle. Ils m'avaient suivi durant des semaines. Les policiers de la sûreté avaient vu toutefois que je fraudais et m'avaient dénoncé à la douane. Cet avocat général avait certainement mon dossier sous les yeux.

– Cet argent de la contrebande a servi à financer cette cause pour commettre des attentats, Henri Becquet met en danger notre République. Aussi, je vous demande la peine maximale, un an de prison ferme et 10.000 francs d'amende.

---

[29] Le fait lui-même d'être reconnu comme anarchiste était passible de bagne sous couvert d'atteinte à la sureté de l'état, code pénal napoléonien 1810.

La grand-mère avait arrêté son tricot et relevait la tête, les autres prévenus s'étaient tournés vers moi et le réquisitoire avait capté l'attention de l'assistance, y compris des deux journalistes présents, assis sur le banc de la presse, qui jusque-là prenaient quelques notes en ayant l'air de s'ennuyer fermement.

Dans le public se trouvait ma sœur Octavie, qui n'avait pas tenu compte de l'avis que j'avais donné à ma famille de ne pas assister à l'audience, pour ne pas leur faire honte. Elle était accompagnée par mon ami Victor qui avait voulu être présent. Mon avocat, en entendant le ministère public, me regardait effaré, se demandant ce qu'il fallait faire. On me jugeait sur une affaire de contrebande et on demandait une peine maximale sur des faits non instruits et non démontrés. Il fallait que je me défende.

– Monsieur le Président, je souhaite prendre la parole.
Le président me regarda, en se demandant ce que je pouvais bien vouloir dire, mais il consentit à me laisser parler.

–Monsieur le Président, je suis présent ici, aujourd'hui pour un délit que j'ai reconnu, j'ai fraudé et je me suis livré à la pratique de la contrebande. J'ai reconnu les faits, mais je ne l'ai pas fait à grande échelle, et je n'en fais pas mon métier, je l'ai fait juste comme de nombreux ouvriers textiles pour faire rentrer un peu d'argent et vivre un peu mieux. Je sais que je serai condamné pour cela et j'accepte d'avance la peine qui sera prononcée. Mais que l'avocat général demande une lourde peine pour un autre fait, je ne puis ni le comprendre, ni l'accepter. Oui, j'ai écrit dans les journaux sous le pseudonyme de Jules Vallès et j'ai décrit une vie d'ouvrier textile que l'ensemble des ouvriers comme moi connait. Rien n'est inventé, rien n'est imaginé, tout est vrai. Pourquoi demander une peine aussi sévère ? Pour avoir dit la vérité ? Pour avoir écrit à un journal, et avoir été publié ? Le journal « L'humanité » me considère comme son correspondant, comme son journaliste. J'ai donc fait mon travail de journaliste, et faire ce travail est décrit par l'avocat général comme une pratique anarchiste, mais il faut interdire aussi le journal « L'humanité », et mettre en prison son rédacteur en chef, Monsieur Jaurès. Et puisqu'on assimile Jean Jaurès à un anarchiste, il faut aussi interdire le parti socialiste et arrêter tous ses députés. Si vous me condamnez au maximum, cela devient un délit d'écrire pour ce journal et vous renoncez aux lois sur la liberté de la presse[30]. Monsieur le président, il faut me juger pour un vrai délit, la contrebande de tabac, et non un faux délit, la liberté de la presse.

Je me rassis, en regardant l'accusation, complètement effarée par la tournure des événements. Les deux journalistes avaient pris des notes à toute vitesse, et sortaient de la salle en courant. Ils avaient leur « une ». On jugeait le fameux « Jules Vallès » pour une affaire somme toute minime, mais on voulait le condamner sur d'autres faits. Même, s'il s'agissait de journalistes locaux, nul doute que la presse nationale allait s'en emparer. J'avais coincé l'accusation mais aussi les juges. En plus, ils étaient presque dans l'obligation de rendre un jugement immédiat pour désamorcer l'affaire, la sortie des journalistes n'était pas passée inaperçue du tribunal.

– Monsieur l'avocat général, il est vrai que nous jugeons ici des faits de contrebande et pas autre chose. Car les faits que vous avez évoqués n'ont pas été instruits, et vous ne pouvez pas les citer. L'accusé est donc, de par le Code pénal, condamné par le tribunal à six jours de prison avec sursis et 500 francs d'amende. Il a un mois pour s'acquitter de celle-ci. Il peut ressortir libre du tribunal.

---

[30] Loi du 29 juillet 1881.

Des applaudissements jaillirent du public et notamment de ma grande sœur qui lors du discours avait saisi le bras de Victor, qui lui s'était retourné sur elle avec un regard très doux.

Chapitre 7 Roubaix, octobre 1909.

Je m'en étais bien sorti, pas de prison, une amende raisonnable que je n'avais pas eu trop de mal à rassembler. Ne pouvant faire face seul, j'avais dû accepter les économies d'Octavie et surtout de Victor. J'avais eu de nombreux scrupules à le faire, mais il avait des arguments convaincants.

– Henri, j'aurais dû être avec toi dans le box des accusés. Ils ne t'ont pas jugé pour une affaire de contrebande mais bien pour nos articles. Si tu n'avais pas été suivi, tu n'aurais pas été arrêté par les douaniers. En plus, tu as pris tous les risques, tu n'as plus de travail aujourd'hui, licencié par l'usine, et ils ont gardé ton carnet d'ouvrier[31]. Tu ne pourras plus retrouver du travail. J'ai des économies, je n'en ai pas besoin, j'aurai bientôt mon baccalauréat, et je serai embauché comme journaliste au « Journal de Roubaix ». Un ami de mon père connaît le rédacteur en chef Charles de Barbander. C'est toi qui m'as fourni ce métier, et communiqué le virus de l'écriture. C'est à toi que je le dois et je pourrai

---

[31] Pratique courante, le carnet était gardé par l'usine, empêchant ainsi l'ouvrier de retrouver du travail, car il était obligatoire pour l'embauche.

le faire au côté de gens illustres comme Jean-Baptiste Lebas[32].

Quand à Octavie, les créations de vêtements lui avaient permis de mettre de côté un petit pécule et son argumentation tenait en peu de mots.

– Henri, je n'admettrai aucun refus !

J'acceptais donc leur argent et réglais mon amende. Ce qui me faisait le plus plaisir, c'est que ces deux êtres que j'adorais, se rapprochaient de plus en plus. Ils m'annoncèrent en mai 1909, qu'ils allaient se marier. J'avais l'impression qu'ils étaient faits l'un pour l'autre mais en plus, je pensais que j'avais participé d'une façon involontaire à les rapprocher. Ce fut un beau mariage.

Ma famille avait réagi à ma condamnation, et surtout à la découverte que j'étais « Jules Vallès » avec des sentiments partagés.

Ma sœur Marguerite, qui, entre-temps, s'était mariée avec son employeur, le monsieur veuf, ne voulait plus me fréquenter, car j'étais devenu « un anarchiste qui faisait tout pour détruire sa réputation et son honneur ».

------

[32] Homme politique né à Roubaix en 1878. Il en devient le maire en 1912. Député en 1919, il est nommé ministre du travail en 1936 dans le gouvernement du front populaire de Léon Blum. Il crée l'un des premiers réseaux de résistance en août 1940. Arrêté en 1941 par la police allemande, il meurt de détention en 1943.

Mes parents eux, n'étaient pas choqués par ma condamnation pour contrebande, dans la région, c'était plutôt une occupation noble. Mais sur le reste, mon père était partagé entre plusieurs sentiments. À l'usine, profil bas, les contremaîtres le surveillaient, et même si ses camarades en parlaient, il ne disait pas grand-chose. À l'estaminet, par contre, puisqu'il refaisait le monde chaque jour, il parlait avec fierté du petit Henri qui avait fait parler de lui. À la maison, et comme ma mère se lamentait sur mon avenir, il paraissait plus discret et moins prolixe sur son fils. Les sœurs jumelles et Alexandre n'en parlaient pas trop, plutôt préoccupés par leur vie de famille. Restait Jules, le frère aîné, toujours à la maison, et pour qui j'étais devenu un peu, le héros de la famille. J'avais dû d'ailleurs le dissuader d'en faire de la réclame sur sa charrette, il avait pensé à écrire sur les ridelles de celle-ci, « Jules Becquet, Marchand des quatre saisons, frère de Jules Vallès, le journaliste ». Je dus lui expliquer tout l'inconvénient d'une telle démarche pour lui comme pour moi.

Évidemment, le travail se faisait rare et impossible de trouver un poste fixe dans l'une des filatures de Roubaix ou de ses environs. Je faisais donc des petits boulots indépendants et avais presque tout essayé.

D'abord le remoulage de couteaux, n'étant pas bien outillé, il faut avouer qu'ils étaient aussi peu tranchants après mon passage qu'avant. Le ramonage m'avait tenté un moment. Je dus abandonner, car je n'avais pas le profil pour me glisser dans la cheminée. De plus une tentative malheureuse où j'avais trop appuyé sur le balai de ramonage avait fait exploser la cheminée et propager à l'intérieur de la maison une suie noirâtre. Cet incident me fit comprendre que je manquais de vocation pour ce beau métier. J'essayais tondeur de chiens, mais les différentes morsures me démontrèrent que la vocation, là aussi, me manquait. Marchand de soupe, vendeurs de marrons, balayeur me firent gagner un peu d'argent mais sans, toutefois, de quoi vivre. Jusqu'au jour, où Victor, encore lui, me fit penser à quelque chose.

– Pourquoi, ne pas devenir marchand de journaux à la criée ?

– Comment ?

– Et bien de par mon métier, tu pourrais vendre le journal dans lequel je travaille, et aussi d'autres journaux. Si tu te débrouilles bien, tu pourrais le porter à domicile. Tu livres les clients tous les jours chez eux et toutes les semaines, tu perçois la recette. Il te faut un petit capital de départ pour acheter la marchandise, puis tu perçois le bénéfice de la vente. Il faut te lever tôt pour aller les chercher et les livrer, mais c'est un revenu régulier.

Et c'est ainsi que je devins « vendeur colporteur de presse ». Le matin, vers quatre heures, je me rendais dans les différents journaux, achetais les plus connus, comme « Le journal de Roubaix », « L'égalité », « La croix de Roubaix-Tourcoing », « Le Roubaisien ». Un panachage de toutes les tendances, je passais ensuite de maison en maison, en déposant le journal, puis terminais ma journée sur les marchés ou la Grand Place[33] pour vendre le reste. Mon petit commerce ne marchait pas trop mal, et je proposais à la criée de distribuer le journal tous les jours au domicile de ceux qui me l'achetaient régulièrement. Je me mis à vendre et à distribuer des hebdomadaires comme « l'Illustration » ou « la Nature », très en vogue à l'époque, mais aussi des journaux parisiens comme « L'Aurore », « L'humanité », « Le Petit Journal ». Plus je vendais, et plus la marchandise devenait difficile à transporter. Aussi, j'eus l'idée de tirer une petite charrette, équipée d'un toit, pour protéger le fonds de commerce.

Je commençais à faire des projets. Il faut bien avouer que malgré les intempéries, le métier me convenait

---

[33] Nom de la place centrale de Roubaix.

mieux que de travailler à l'usine. J'étais indépendant et ne devais rendre des comptes qu'à moi-même. En plus, j'avais les journaux à disposition, et j'en profitais pour lire abondamment et m'informer sur tous les sujets : politique, économie, sciences, arts, musique, histoire et même les feuilletons qui paraissaient et que je lisais le matin de bonne heure avant de vendre les journaux qui les publiaient. Cela d'ailleurs me permettait d'appâter les clients et de clamer des détails de la suite, qu'ils attendaient souvent avec impatience :

« Lisez comment Rocambole se joue de la police et découvre le malfaiteur »

« Découvrez le véritable coupable de la chambre jaune et comment Rouletabille le confond »

« Sherlock Holmes est de retour dans le chien de Baskerville »

Je devenais par procuration, le justicier qui confondait les criminels, était invincible et bien sûr tournait en ridicule la police officielle de tous les pays, qui elle, ne brillait pas par son intelligence et sa perspicacité. J'étais heureux.

J'avais entre-temps, quitté le domicile de mes parents et louais une petite chambre chez un cabaretier de la rue des Longues Haies. Le loyer n'était pas très élevé et je pouvais profiter de la nourriture que le patron faisait tous les jours et qu'il servait pour un prix modique. Le soir, je l'aidais à servir les clients. Il avait une petite famille que son commerce lui permettait de faire vivre. J'étais surtout très intéressé par sa fille aînée, Katelyn, qui avec ses boucles torsadées et son visage de rousse coquine avait su immédiatement capter mon regard et mon attention, et je dois bien l'avouer quelques émois amoureux.

Les parents étaient d'origine britannique, plus exactement irlandaise. Un jour, en le qualifiant et sans arrière-pensée d'Anglais, j'avais failli me retrouver à la rue avec une tête en forme de chou-fleur. Depuis ce jour-là, je faisais très attention à ne pas confondre les deux nationalités. Cette vie familiale, car il me considérait comme un fils, et en même temps un peu bohème, me convenait bien. Le seul problème que j'avais, était de pouvoir faire la cour à sa fille Katelyn, sans toutefois décevoir Kilian Gallagher, c'était son nom. Car non content d'être un fervent catholique, il était très regardant sur la respectabilité de sa progéniture et n'aurait pas aimé qu'on lui contât fleurette sans être sûr qu'il ne s'agisse de son futur gendre. Il avait fui avec sa famille, la répression anglaise et au lieu de partir aux Amériques, comme la plupart de ses compatriotes, parlant quelque peu notre langue, et tenant déjà un bar à Dublin, il avait eu l'idée de s'installer dans une des villes de France comptant le plus grand nombre de bars au nombre d'habitants, Roubaix. Ce qu'il n'avait pas prévu, par contre, c'était que les quelques mots de français qu'il connaissait ne lui serviraient à rien. La grande majorité de ses clients parlait le patois local, qu'on appelle le ch'timi. Mais difficulté supplémentaire, le patois de Roubaix n'était compris que par les habitants de Roubaix, une sorte de ch'timi très local, quasi confidentiel. Il m'avait avoué qu'en arrivant, il y a dix ans avec sa famille, il s'était demandé s'il ne s'était pas trompé de pays et s'il ne s'agissait pas des Pays bas. Finalement, il s'était vite habitué et à part les jurons, qu'il prononçait encore en irlandais, il parlait et comprenait, non seulement le français, mais aussi le patois local et le flamand, cela aidait pour son commerce.

Durant près d'une année, la vie s'écoula tranquillement et sans anicroches, mis à part les rendez-vous secrets qu'il fallait organiser pour pouvoir rencontrer Katelyn, jusqu'au jour, où un soir avant la fermeture de l'estaminet, trois personnes que nous ne connaissions pas Kilian et moi, entrèrent et demandèrent à boire. Je sentis rapidement qu'une embrouille n'était pas loin. Une sorte d'instinct me rendit assez méfiant vis-à-vis de ces personnes. Je pense que Kilian avait eu le même pressentiment. Il se mit à les dévisager et leur dit qu'il était trop tard, il devait fermer. Il se tenait derrière le comptoir, moi près des tables, en train de mettre les chaises dessus et de balayer la pièce.

– Comme cela, tu refuses de nous servir mais tu loges des repris de justice ?

Kilian me regarda, comme je ne lui avais rien caché de mon passé, il avait compris que ces trois allumeurs[34] étaient là pour moi, et son regard me dit simplement que la bagarre n'était pas loin.

Je ne dis rien et surtout pour que Kilian ne soit pas inquiété par la suite, je sortis rapidement de son estaminet. Bien sûr, les trois pandores me suivirent immédiatement, et la suite fut rapide. L'un d'entre eux essaya de me frapper, je le mis à terre rapidement, et à ma grande surprise les deux autres s'enfuirent. Mais au

---

[34] Créée par Napoléon, la police politique connut sous la III République un essor important, elle devint la sûreté générale, organe créé à partir de la police des chemins de fer. Sous ce vocable peu explicite, son personnel était chargé de surveiller l'immigration, les groupes politiques extrémistes et tout fauteur de trouble soupçonné d'atteinte à la « sureté de l'état ». Une brigade spéciale sous la responsabilité du commissaire Lagrange était surnommé « la brigade des allumeurs », c'était des provocateurs. Dissoute en 1870, le mot est parfois resté pour désigner les membres de la police politique.

même moment une patrouille de sergents de ville apparut et me ceintura très vite.

— Vous ne comprenez pas, je me défendais, ils étaient trois à m'agresser.

— Vous vous expliquerez au poste, nous, on vous a vu attaquer cet homme, on n'a pas vu d'autres personnes.

Kilian, étant sorti, prit ma défense et confirma mes dires.

— Vous étiez présent au moment de la bagarre ?

— Non, à l'intérieur, mais j'ai vu trois hommes entrer dans mon établissement et sortir pour lui chercher des noises.

Entre-temps, l'homme à terre, s'était relevé.

— C'est faux, j'étais seul. Il a cherché la bagarre. Je suis sorti, il m'a suivi et m'a frappé comme vous l'avez vu.

J'étais piégé, menottes aux poignets de nouveau. Je demandais à Kilian de prévenir ma famille, et la patrouille m'emmena au poste. Je pressentais que cette fois-ci, je n'allais pas m'en sortir facilement.

Chapitre 8 Roubaix, novembre 1909

Cette fois-ci, je ne fus pas relâché au bout de quelques jours. On me garda dans une cellule de la maison d'arrêt de la prison de Loos[35].

Que dire de cette prison ? Qu'elle est semblable à toutes les prisons, que les gardiens sont d'anciens militaires, condamnés pour acte de grivèlerie. Que le directeur qui a tout pouvoir dans l'enceinte est un incapable qui ne fait pas respecter la loi mais qui sait faire fructifier ses affaires. Que les gardiens font ce qu'ils veulent et surtout du commerce avec les prisonniers. Que le gardien chef a été suspendu à plusieurs reprises pour des actes répréhensibles tels qu'être constamment saoul durant ses heures de service. Que sa femme a été condamnée à plusieurs reprises pour « commerce avec les prisonniers »[36].

Outre le directeur, un entrepreneur était chargé de superviser les travaux que les prisonniers effectuaient

---

[35] Ancienne abbaye, elle fut transformée en prison au XIX siècle et a été fermée en 2011. A l'époque les maisons d'arrêt enfermaient les prisonniers en attente de jugement ou pour les peines de moins d'un an.
[36] Tout est authentique. Voir l'article les prisons du Nord : http://criminocorpus.revues.org/1769

pour gagner quelques sous. Je n'étais pas dépaysé, ceux-ci consistaient à filer le lin et à bobiner la laine. Les contremaîtres étaient des prisonniers, non désignés pour leurs connaissances dans les métiers, mais bien pour leur violence et leur capacité à se rendre indispensable dans l'organisation des trafics. L'argent ainsi gagné et qui ne représentait que peu de choses ; nous permettait d'acheter du pain, du tabac, de la bière ou du genièvre, au choix. J'avais choisi le pain, pour ne pas mourir de faim.

Durant ma détention et en attente de mon jugement, un scandale éclata et provoqua un peu de remous au sein de la République. Un inspecteur des prisons, venu faire une enquête de routine, avait fait un rapport sévère sur les pratiques en cours. Imaginez, d'après ce que m'avait dit mon gardien Léon, qui était moins con que les autres, que le directeur et l'entrepreneur s'était rendu coupable de :

« Fraude sur les vivres des valides ; fraude sur les vivres des malades ; fraude sur les vêtements de rechange ; retenues illégales sur les pécules des détenus ; fraude sur le chauffage et l'éclairage ; utilisation par le directeur, pour son service personnel, d'une main-d'œuvre de détenus payés sans tarif ni retenue pour la masse de réserve ; prolongation

intempestive de la durée des apprentissages ; utilisation par le directeur de gardiens pour son usage personnel ; vente pour le compte du directeur des produits du jardin et de la basse-cour attachés à son logement de fonction ; vente par l'entrepreneur à des prix exorbitants de vêtements aux détenus en instance d'être libérés ; tolérance du directeur pour les relations coupables qu'entretiennent ses domestiques détenus hommes et femmes et pour celles auxquelles se livrent un domestique détenu et la portière »[37].

Impossible de prendre les mesures qui s'imposaient, notamment pour le préfet de la région, qui prit comme seule décision de remplacer la gardienne par un gardien. La loi de la république était passée.

– Léon, tu déconnes, c'est la seule mesure du préfet ?

– Oui, Henri, c'est vrai, on l'a appris ce matin.

– Et l'inspecteur ?

– Il a été muté dans une autre région, on n'entendra plus parler de lui. Comme le dit le directeur, le factieux et la sédition sont vaincus. Mais je crains le pire pour nous gardiens, comme pour vous prisonniers.

---

[37] Lettre de l'inspecteur Roubaud au préfet de Région, Monsieur Méchin.

– Que veux-tu dire ?

– Ils ont nommé un aumônier, Gilbert Baffin, qui sera là pour le salut de nos âmes.

Il faut dire que Léon était un farouche anticlérical et la nomination d'un aumônier dans la prison était perçue par lui comme étant bien pire que toutes les malversations réunies de l'administration, des gardiens et des prisonniers.

Heureusement, mes « faits d'armes » en tant que journaliste étaient connus. Tout se sait dans une prison. Comme un tiers des détenus étaient incarcérés pour des motifs politiques ou des délits d'opinion, et non pour des motifs de droit commun, j'avais été dès le départ protégé par cette population. Pour les autres, le fait d'avoir frappé un membre de la police et être en attente de jugement me donnait une réputation de dur. Je fus toutefois un jour pris à partie par un détenu pour que je me livre à des actes sexuels avec lui. Il était costaud, mais là encore ma pratique des coups, et notamment depuis que je m'exerçais depuis deux ou trois ans à la pratique de la boxe dans une salle de Roubaix, me sauva et rendit mon agresseur un peu plus prudent. Cela me permit aussi de ne plus être importuné ou inquiété tant par les prisonniers que par les gardiens. Léon, qui était la mémoire vivante de cette prison, il y était depuis trente ans, me racontait ce qu'il avait connu dans sa jeunesse.

– Imagine, Henri, à l'époque c'était une discipline de fer. Aujourd'hui, c'est le cachot. Enfermé au régime sec pendant plusieurs jours, ce n'est pas marrant pour vous, mais à l'époque, le châtiment, c'était le piton.

– Le piton ?

– Oui, les prisonniers étaient condamnés à être maintenus les mains et les pieds en croix, debout, liés aux fers sur le mur et étaient ainsi soumis à une torture physique durant des dizaines d'heures sans nourriture ni eau[38]. Et puis, aujourd'hui vous avez des cellules, mais à l'époque c'était des dortoirs avec une grille tout autour.

Je passai en jugement le 29 novembre 1909, et me retrouvai dans la même salle de tribunal. Mais ce n'était ni le même président, ni le même avocat général. Quant à mon avocat il était identique au premier, il se foutait complètement de mon sort et de ma peine. Je suppose qu'il rêvait d'un procès célèbre en assises lui permettant d'être cité dans les gazettes spécialisées. Inutile de vous décrire le procès, condamné pour coup et blessures, quatre mois de prison, sans sursis. La cour avait entendu

---

[38] On appela ce sévices « la crucifixion », à consulter : **Christian Carlier**, « Les prisons du Nord au XIXe siècle ».

des témoins de qualité, les sergents de ville, et le policier en civil qui lui, affirmait être seul et avait été battu avec sauvagerie. Le témoignage de Kilian ne pesa pas lourd devant des témoins assermentés. Heureusement aucune incapacité de travail n'avait été retenue, sinon j'aurai pu être condamné à deux ans. Et c'est ainsi que je revins rapidement à la maison d'arrêt pour purger le reste de ma peine. Le plus difficile fut que pendant quatre mois, je ne vis personne de ma famille ou de mes proches, les visites étaient interdites. J'espérais que Kilian avait pu prévenir ma famille et Victor, et avait ainsi rétabli la vérité.

Personne n'avait été présent lors du procès et là encore, je le leur avais demandé et avais fortement insisté dans mon courrier pour qu'ils n'assistent pas à mon humiliation. Je pensais aussi à mon métier de « vendeur crieur de journaux » C'était terminé. Quatre mois d'absence et mes clients apprenant que j'étais en prison, inutile de vous dire que mon fonds de commerce avait disparu aussi vite que la neige au soleil. Je me consolais en voyant des personnes qui souffraient encore plus que moi.

Sans famille, sans soutien et sans éducation, ne sachant ni lire, ni écrire, ils ne pouvaient s'échapper par la pensée comme je le faisais souvent en me remémorant les livres que j'avais lus. Le côté négatif de ces mois de prison était que je m'étais endurci, à force de côtoyer des criminels.

Chapitre 9 Roubaix, mars 1910.

Enfin la sortie de prison, retrouver la liberté et me replonger dans une vie normale, j'en avais rêvé pendant quatre mois. Ma première visite fut pour mes parents.

– Henri, que comptes-tu faire ?

– Je ne sais pas, maman, je vais y réfléchir. Je pense que Kilian pourra toujours me loger. Il a été témoin de ce qui s'est passé et il a vu comment les condés m'ont provoqué.

– Ne parle pas ainsi !

– Oui, la police. Ensuite, il faut que je trouve un travail, mais avec la prison, cela ne va pas être facile.

J'avais trouvé ma mère peu changée. Quatre mois, c'est long en prison, et c'est court dans la vie de tous les jours. Mon père, par contre, avait maigri, blanchi, vieilli. J'avais l'impression qu'une maladie, mais je ne savais pas laquelle, le rongeait.

Le soir, après qu'il fut parti se coucher, je posais la question à ma mère.

– Oh, tu sais, il n'a plus le courage de se lever et de partir à l'usine. Il va bientôt avoir soixante ans. C'est un vieillard. Il est usé par sa vie de travail. Presque cinquante ans à faire ses 12 heures par jour, il n'en peut plus.

– Il faut qu'il arrête de travailler !

– Il doit continuer jusqu'à 65 ans, il pourra à ce moment bénéficier d'une retraite[39], certes minime, mais je crains qu'il n'atteigne jamais cet âge.

– Et toi, maman ?

– Oh, moi, c'est différent, il faut que je continue à lutter, je dois m'occuper de lui.

Cette discussion me brisa. Mes parents que je croyais indestructibles, me paraissaient d'un coup, vulnérables, prêts à disparaître et à mourir. Ce jour-là, je vieillis prématurément et j'entrai définitivement dans ma vie d'adulte, en prenant conscience que la génération précédente, celle de mes parents, était sur le point de disparaître.

Ma visite suivante fut pour Octavie et Victor. Ils habitaient une petite maison près du canal[40]. L'endroit paraissait être la campagne, aucune usine sinistre ne se dressait dans le coin. Ils paraissaient heureux, tout

---

[39] Pas de système généralisé de retraite, cependant une loi de 1910 institue la retraite à 65 ans.

[40] Inauguré en 1877, il reliait deux rivières de la région la Marque et la Deûle. C'était surtout à l'époque une voie de navigation importante pour le transport des marchandises. Roubaix devint l'un des dix premiers ports fluviaux français.

simplement. Victor poursuivait son métier de journaliste, avec succès il faut le dire. Octavie travaillait toujours à la confection de vêtements. Mais leur plus grande fierté fut de me montrer leur fils. Il était né durant ma détention. Victor, quelques mois auparavant, m'avait annoncé avec fierté qu'Octavie était enceinte.

— Veux-tu être le parrain ? On l'appellera Joseph.

Je faillis laisser tomber le bol de café mais me repris en acceptant avec enthousiasme cette proposition.

Kilian, bien sûr, accepta de me loger et gratuitement, le temps que je trouve du travail. Il n'avait d'ailleurs pas reloué la chambre en attendant que je revienne. Je m'aperçus vite aussi que Katelyn avait trouvé un autre « fiancé » et ne m'avait pas attendu. Je n'étais pas déçu, et trouvais de toute façon que cela valait mieux pour elle, au regard de ma vie actuelle.

— Que vas-tu faire, fils ? Me questionna Kilian.

— En attendant de trouver quelque chose, je vais me faire un peu d'argent avec le tabac et l'alcool.

— Fais attention, ils vont te surveiller.

— C'est pourquoi, je ne le ferai pas moi-même. Je m'arrangerai pour nouer les contacts, planifier les livraisons, choisir les itinéraires, surveiller les rondes et les parcours des gabelous. Les livraisons se feront par des passeurs que je choisirai. On fera part égale sur les bénéfices.

Et c'est ainsi que je commençais à construire une industrie de la contrebande à plus grande échelle en comparaison de mes petits trafics antérieurs. Comme je fréquentais aussi la section boxe du « Racing Club de Roubaix »[41], je n'eus pas de difficulté à juger, évaluer et recruter des passeurs qui de toute façon, se livraient déjà à cette activité. Je fréquentais le club plusieurs fois par semaine, et je me mis aussi à la pratique de la canne de combat[42], pensant ainsi pouvoir me défendre plus facilement. J'organisais petit à petit mes filières. J'allais démarcher les commerces de tabac en Belgique, négocier les prix d'achat, trouver les passages de nuit et les combines de jour. L'une fut de me servir des nombreux travailleurs qui passaient la frontière le matin et pouvaient dans la masse, passer de la marchandise. Les douaniers ne pouvaient pas contrôler tout le monde, surtout faire ouvrir les gamelles et voir tout ce qui se cachait en dessous des jupes des femmes.

---

[41] Club omnisport de Roubaix, fondé en 1895. Surtout célèbre par son club de foot, qui sera champion de France en 1933.
[42] Véritable art martial français, il fut créé par le compagnonage, la canne, ou le bâton servant de moyen de défense. En 1899, Joseph Charlemont publie « L'art de la Boxe Française et de la Canne ».

Je pris également deux initiatives pour faire prospérer mon commerce. Le premier problème étant de trouver des fonds pour démarrer le trafic à grande échelle et pourvoir ainsi « négocier » le prix de la marchandise, je constituais une « coopérative » au sein des estaminets du côté français de la frontière pour récolter les fonds. Chaque patron qui investissait 100 francs, était livré de 130 francs de marchandise, prix de la revente. Cela lui laissant un substantiel bénéfice, et je ne mis pas longtemps à avoir quelques dizaines d'estaminets parmi la « coopérative ». De l'autre côté de la frontière, j'arrivais à acheter le tabac pour 70 à 75 francs. Je partageais mon bénéfice moitié pour moi et moitié pour le passeur. Au plus fort de mon « commerce », je devais avoir une centaine de passeurs qui me livraient plus ou moins régulièrement de la marchandise.

À ce moment-là de ma vie, je n'avais aucune honte à me livrer à ce commerce. Non seulement cela faisait partie de mon environnement depuis des générations, mais en plus, j'avais presque le sentiment que de voler l'état, c'était voler un voleur. Dans le jargon de la contrebande, j'étais devenu un « maitre-fraudeur ».

La seconde initiative que je pris rapidement était de cloisonner cette activité pour éviter les dénonciateurs, les « aviseurs » comme les appelaient nos gabelous. Je mis donc en place des « guetteurs » qui surveillaient autant les douaniers que certains passeurs. Il me fallait aussi un métier pour pouvoir justifier de mes ressources.

Je devins « écrivain public ». Oh, certes depuis l'école obligatoire, ce métier était moins pratiqué, mais comme à Roubaix, de nombreuses personnes étaient étrangères et ne savaient ni lire, ni écrire, les clients étaient encore nombreux. Je m'installais donc dans la salle du café de Kilian et tous les matins jusqu'au milieu de l'après-midi, j'exerçais mon art. Les fins d'après-midi, les soirs, parfois les nuits je me livrais à mon autre activité.

Je dois dire que je pratiquais mon métier « d'écrivain public » avec plaisir, chaque client étant différent, tant dans la correspondance qu'il voulait envoyer que dans les objectifs qu'il poursuivait. De la lettre de l'amoureux, à celle aux parents jusqu'aux papiers administratifs, toutes les missives devaient faire transparaître les sentiments. L'amour, les nouvelles de la vie, le descriptif du métier, la demande auprès de l'administration, le discours du camarade syndicaliste, l'annonce dans le journal, tout y passait. Au bout de quelques mois, j'étais connu dans le quartier, et comme je demandais peu, et parfois rien, pour les plus démunis, la clientèle grossissait.

Finalement, seules les nouvelles que j'écrivais pour le journal de Victor, et encore une fois sous un pseudonyme, me procuraient plus d'argent. Cette idée, je l'avais soumise à Victor, en lui précisant que pour chaque fait divers important qui paraissait dans la presse, on pouvait en faire une nouvelle, pas trop éloignée de la réalité sauf pour les noms et les lieux. L'affaire se dénouait de par la sagacité d'un détective privé qui menait l'enquête à la demande de la famille, car les forces de police étaient incompétentes pour la résoudre.

– Excellent, une idée géniale ! Je connais ton style et je me fais fort de faire publier la nouvelle dans le journal. Pas de fait politique ou religieux, juste des enquêtes que ton justicier résout avec brio. Les lecteurs vont adorer. Comment vas-tu l'appeler ?

–Émile Douet, le Sherlock Holmes français. Il est détective privé à Lille, et n'accepte que des affaires de meurtres, vols et chantages à résoudre sur la demande de la famille, d'un proche, d'une épouse ou d'un orphelin. Il travaille dans un petit bureau de la rue esquermoise[43]. Il a un commis, une sorte d'aide, un gamin qu'il occupe en lui confiant des petites tâches de surveillance. C'est un

____

[43] Rue ancienne du Vieux Lille, il faut prononcer équermoise

dégourdi, un gamin des rues qu'il considère un peu comme son fils.

– Et ta première nouvelle, tu as une idée.

– Oui, souviens-toi l'histoire de la vieille dame d'une petite commune belge, qu'on a assassinée il y a quelques années dans sa maison. On n'a jamais retrouvé l'assassin. Je vais broder une histoire à partir de ce fait et la situer à Lille.

– Tu as une idée pour le titre. C'est important, cela attire le lecteur.

– Oui, cela s'appellera « l'assassin aux cigarettes ».

Et c'est ainsi que je me mis à écrire ma première nouvelle policière.

« *L'assassin aux cigarettes. Nouvelle du Journal de Roubaix.*

Une enquête du détective Émile Douet.

Lorsqu'il entra dans son bureau de la rue esquermoise à Lille, une dame attendait Émile Douet, assise sur une chaise. C'est certainement le petit Henri qui le lui avait proposé. Henri était le commis du détective. Sa connaissance des rues de Lille, et de leurs trafics, était une aide précieuse pour celui-ci. Près d'un an qu'il l'avait embauché dans son office en contrepartie d'un salaire.

– Bonjour Madame, que puis-je pour vous ?

– *Bonjour Monsieur, on m'a recommandé votre officine de détective. Je voulais faire appel à vous pour résoudre le meurtre de ma tante.*

– *Mais la police est certainement sur l'enquête.*

– *Elle n'avance pas et n'a pas l'air de vouloir vraiment s'y intéresser.*

– *Bien, expliquez-moi ce qui s'est passé.*

– *Ma tante sans enfant et veuve est concierge dans un immeuble de la rue de Paris. On l'a trouvée morte, étranglée dans sa loge il y a un mois. Cela s'est passé en plein jour.*

– *Qui a découvert le corps ?*

– *Un locataire de l'immeuble, un vieux monsieur qui s'inquiétait de ne pas la voir lorsqu'il est revenu de course. Il a frappé à la loge, la porte était ouverte, il est entré et il a vu ma tante allongée. Il a d'abord pensé à un malaise, il a appelé les secours qui ont constaté qu'elle était morte depuis plusieurs heures.*

– *Il était quelle heure ?*

– *Cinq heures de l'après-midi, d'après ce que m'a dit l'inspecteur Clampin qui est chargé de l'affaire.*

À ce nom, Émile Douet pensa qu'on n'allait pas trouver rapidement l'assassin, l'inspecteur Clampin était plus rapide à enfermer des innocents qu'à trouver les coupables.

– *Quelque chose a disparu de la loge ?*

— *Je rendais souvent visite à ma tante, elle avait économisé un peu d'argent et avait quelques bijoux, tout a disparu d'après l'inspecteur, il est donc persuadé que le vol est le mobile du crime.*

— *Pas difficile à trouver, c'était bien du niveau de Clampin. Bien, Madame, je vais m'occuper de votre affaire, et sans rien vous promettre, je vais essayer de faire avancer cette enquête.*

Émile se rendit dans l'immeuble le matin suivant, la nièce de la victime lui avait remis les clés de la loge qu'elle possédait. Rien n'avait été déplacé depuis le drame. Il inspecta la pièce et la chambre longuement, ne vit rien de suspect, tout était en ordre et relativement bien rangé, sauf deux mégots qui restaient dans une soucoupe. Il s'approcha et vit qu'il s'agissait de la marque Murad[44]. Peu de personnes en fumaient, le tabac était très fort, et plutôt en vogue chez les jeunes. Il alla voir la nièce à l'adresse qu'elle lui avait donnée.

— *Votre tante fumait ?*

— *Non, pas du tout.*

— *Merci, je vais continuer mon enquête.*

---

[44] Cigarette de tabac turc, la marque a disparue vers 1950.

Il confia la tâche au petit Henri d'interroger les débits de tabac de la rue pour savoir qui achetait ces cigarettes et de suivre discrètement les acheteurs.

– Monsieur Émile, j'ai trouvé. Il y a peu de personnes qui en achètent, mais j'ai suivi un jeune bourgeois et il est rentré ensuite dans l'immeuble de la tante.

– Excellent, petit Henri

Avec la description de son commis, il n'eut aucune peine à le reconnaître et à le suivre. Il se renseigna discrètement, et apprit qu'il était le fils des locataires du second, Antoine Bazin. Émile Douet prit le chemin du commissariat et rencontra l'inspecteur Clampin.

– Tiens le détective Douet, toujours sur des filatures de mari jaloux.

–Monsieur l'inspecteur, vous savez bien que je ne fais pas ce genre d'affaire. Non, ce qui m'intéresse le plus, ce sont les affaires de meurtres, et surtout celles qui ne sont pas résolues.

– Si tu sais quelque chose, tu as intérêt à me le dire, sinon je te boucle pour obstruction à la justice.

– Au contraire, je viens vous aider pour l'affaire de la rue de Paris. Sur les lieux du crime, vous n'auriez pas vu des mégots de cigarettes ?

– Oui, c'est vrai, mais comment tu sais cela ?

– *Oh, Monsieur l'inspecteur, c'est ma cliente qui m'en a parlé et qui a trouvé cela bizarre, vu que sa tante ne fumait pas.*

– *Et ?*

– *Et bien, elle m'a donné la marque, et figurez-vous que l'un des locataires de l'immeuble en fume couramment, en plus il a dépensé pas mal d'argent ces dernières semaines.*

– *Son nom ?*

– *Antoine Bazin.*

– *Tiens, tiens, il est connu de nos services mais pour des petits larcins.*

– *Fouillez sa chambre chez ses parents, je suis sûr que vous allez trouver des choses intéressantes.*

Deux jours plus tard, Émile Douet rencontra de nouveau la nièce de la victime.

– *Bonjour, on a arrêté l'assassin de votre tante.*

– *Qui ?*

– *Un fils de locataire, sur mes indications la police a fait une perquisition et elle a trouvé les bijoux qu'il avait dérobés. Pour l'argent, il a dû le dépenser entièrement. Il a tout avoué.*

Après tous les détails donnés, il quitta la parente de la victime. Une affaire de réglée, et finalement assez rapidement, et encore une fois, par un petit détail qui avait son importance. L'assassin fumait des cigarettes. »

J'attendis avec impatience le jour de la parution et les réactions des lecteurs, et rendis visite à Victor.

– Eh bien, on peut dire que ton histoire marche. Pas mal de courrier pour nous demander de poursuivre les aventures du détective Émile Douet et de son commis. Le journal est d'accord pour une nouvelle par semaine dans l'édition du dimanche. Il pense aussi à un récit plus long qu'il pourrait publier sous forme de feuilleton par la suite.

Je n'étais pas peu fier, et me mis au travail. Je continuais cependant à pratiquer mon métier d'écrivain public, qui alimentait parfois mes publications, car je tombais sur des anecdotes qui à elles seules, pouvaient faire l'objet d'un écrit.

Un jour, le curé d'une paroisse proche vint me voir. Kilian m'avait prévenu qu'il voulait me voir en toute discrétion et sans témoin. Un peu surpris, car les curés savaient très bien lire et écrire, je me demandais ce qu'il voulait. Nous nous installâmes à la table où j'avais déjà disposé mon écritoire.

– Mon fils, je n'irai pas par quatre chemins, je suis en panne.

– Pardon, mon père ?

– Oui, en panne d'inspiration. Trente ans que je rédige chaque semaine des sermons et je ne sais plus quoi dire. Imaginez, 52 sermons par an et en trente ans un total de mille cinq cent soixante sermons. Je suis à bout d'inspiration. J'ai usé et abusé des péchés capitaux, des versets de l'Évangile, de l'enseignement de dieu, des apôtres, des miracles de Jésus, et bien en ce moment je ne sais plus quoi dire. Alors, j'ai pensé à vous pour m'aider à rédiger mes sermons.

– Que lisez-vous mon père ?

– Les saintes écritures, mon fils !

– Oui, je n'en doute pas, mais en dehors de cela.

– Et bien, le bulletin de la paroisse où certains des fidèles rédigent quelques menus articles et bien sûr le bulletin du diocèse où Monseigneur l'évêque nous indique les actions à mener.

– Et…

– Rien d'autre.

– Mon père, si vous voulez retrouver l'inspiration, lisez les journaux, les gazettes.

– Impossible, c'est rempli d'articles que mes paroissiens ne devraient pas lire.

– Mon père, il y a aussi des journaux catholiques, et d'autres assez neutres qui décrivent les faits, qui décrivent aussi la vie de tous les jours, la vie de vos paroissiens. Si vous parlez de ce qu'ils vivent au quotidien, ils seront d'autant plus à l'écoute des enseignements que vous leur donnez.

– Je ne comprends pas.

– On va prendre un exemple, j'ai ici l'édition du « petit journal » de ce jour, regardez :

« À travers les régions dévastées par l'inondation.

Nous avons cité et décrit ces derniers jours, la désolation qui règne dans la vallée de la Loire. Le ministre des travaux publics est arrivé hier soir à Nantes, où il a pu constater les dégâts considérables de ce fléau qui s'est abattu dans la région. On ne rencontre que de pauvres gens, s'en allant à l'aventure, chassés de leur foyer, ruinés par la catastrophe, abattus physiquement et moralement par le malheur[45] ».

– Je crois mon père que vous pouvez bien trouver de quoi écrire pour votre sermon sur le malheur de ces gens et de terminer sur la nécessaire solidarité qui doit exister entre tous vos fidèles.

Il me regarda, prit le journal sans rien me dire et sortit de la salle. Le dimanche suivant, et en me faisant discret, je m'assis dans l'église et j'écoutais son sermon qui était conforme à ce que j'attendais.

---

[45] Article du petit journal du 9 décembre 1910.

Un jour, je vis arriver devant moi, une toute petite vieille qui me regardait d'un air triste et ne savait pas quoi me dire. Je l'invitai à s'asseoir et lui demandai ce qu'elle souhaitait.

–Voilà, Monsieur, mon fils est parti travailler à Paris. C'était il y a quatre ans. Au début, il m'écrivait, pas souvent mais au moins j'avais de ses nouvelles. Et puis, les courriers se sont espacés, et depuis près d'un an, je n'ai plus rien. Je sais qu'il va bien, car j'ai une sœur qui n'habite pas loin de chez lui et qui l'aperçoit parfois. Il paraît qu'il est très occupé, il est mécanicien, dans un garage. Il a rencontré une fille, je crois qu'ils se sont mariés et qu'elle attend un enfant. C'est normal qu'il n'écrit pas, vous comprenez, il a beaucoup de travail. Mais je voudrais lui écrire, lui envoyer une lettre. Il m'écrira, peut-être en retour. Cela me ferait plaisir. Mais je ne sais pas écrire.

Elle s'arrêta de parler, et je compris qu'elle n'avait plus fait un tel discours depuis bien longtemps, elle vivait seule et n'avait plus de famille ici.

– Et bien, on va lui envoyer un beau message, puisque je crois comprendre que vous avez son adresse. Quel est son prénom ?

– Auguste, mais quand il était petit, je l'appelai mon cœur, c'était mon seul fils, mon seul enfant.

– On va donner des nouvelles à Auguste. Vous allez me décrire ce que vous faites, me dire votre état de santé et je vais écrire.

Évidemment, je n'écrivis pas du tout ce qu'elle me racontait, enfin pas tout à fait, je préférais écrire ce qu'elle ne dirait jamais mais qu'elle avait sur le cœur.

« Mon cher Auguste, mon cœur,

Permets-moi de t'appeler ainsi, comme lorsque tu étais petit et que je te berçais doucement sur mon cœur, en entendant battre le tien. Que de longues années à te voir grandir, à m'inquiéter pour toi et que de nuits à t'écouter pour savoir si tu respirais normalement après les maladies que tu avais comme tous les enfants de ton âge. Je sais que tu as peu de temps pour me consacrer quelques minutes pour m'écrire. Ce n'est pas grave. L'important c'est que tu sois en bonne santé et que tu sois heureux. J'espère qu'un jour tu pourras rencontrer une gentille fille et te marier. J'aimerais tellement avant ma mort voir ton enfant et à travers lui, te revoir quand tu étais petit.

Je t'embrasse. Ta maman qui t'aime. »

Quelques semaines plus tard, j'appris par elle que son fils et sa famille était venus la voir. La joie illuminait son visage.

Parfois, je devais faire un effort violent pour ne pas éclater de rire dans ce métier d'écrivain public. Un jour, je vis arriver un homme d'un certain âge, bien mis de sa personne et qu'on aurait salué avec respect dans la rue. En lui demandant ce qu'il voulait que je lui écrive, il me dit.

– Une lettre d'amour et de demande en mariage.

J'aimais assez faire ce genre de prose. Je lui demandais donc qui était sa dulcinée.

– La reine Alexandra.

Encore un prénom à coucher dehors.

– Et son adresse ?
– Buckingham Palace à Londres.
– Pardon ?
– Oui, c'est son adresse, c'est là qu'elle habite le plus souvent.

Et je compris à cet instant que ce monsieur était amoureux de la Reine Mère Alexandra, souveraine du Royaume Uni et impératrice des Indes.

– Et que voulez-vous lui dire ?

– Que je suis prêt à l'épouser, qu'elle me dise à quel moment il faut la rejoindre pour régner avec elle sur le Royaume-Uni.

– Vous la connaissez ?

– Bien sûr, je lui ai fait parvenir de nombreux courriers, grâce à des écrivains publics comme vous. Malheureusement je n'ai jamais reçu de réponse, je suis persuadé que ce sont les services secrets français qui détruisent ses réponses.

Je me demandais comment j'allais me sortir de ce cauchemar quand j'eus soudain une idée.

– Je crois connaître une personne qui pourrait vous aider, enfin pas personnellement mais il doit connaître aussi la reine Alix[46], et pourrait vous aider pour vos projets.

– Très bien.

Et c'est ainsi que j'écrivis en son nom à un médecin de ma connaissance en lui demandant de bien vouloir ausculter le patient que je lui envoyais.

Mes occupations d'écriture me prirent à cette époque du temps, et me procurèrent assez d'argent pour ne plus trop m'occuper de contrebande, ce en quoi, j'étais soulagé et même libéré de ne plus me consacrer à cette pratique, somme toute hors la loi.

---

[46] Diminutif souvent utilisé par les journaux et même son entourage.

Chapitre 10 Roubaix, septembre 1911.

Cela débuta un soir de l'été 1911.

Depuis quelques jours, des manifestations de ménagères en colère éclataient partout en France, et les villes du Nord comme Roubaix n'étaient pas épargnées. Il faut dire que je comprenais et adhérais à ces revendications, imaginez le beurre qui se payait jadis 1,65 Fr la livre coûtait 2,10 Fr, la livre de café était montée à 2,40 Fr, le kilo de sucre de 70 à 90 cts, la chicorée qui se vendait 45 cts le paquet de 250 grammes, valait 0,70 Fr, le lait était passé de 0,20 à 0,30 Fr le litre ; le savon noir de 0,35 à 0,50 Fr le kilo ; la viande se payait 1,75 Fr la livre au lieu de 1,40 F[47].

Quelques jours auparavant une délégation de manifestants avait été reçue par le maire socialiste de Roubaix, qui comprenait les revendications. Mais, ce jour-là, le samedi 9 septembre, les choses avaient dégénéré. Au chant de l'Internationale, des milliers de personnes s'étaient rassemblées au quartier du « cul-de-four » et ensuite s'étaient rendues maîtres d'une partie de la ville. Des barricades avaient été érigées un peu

---

[47] Journal «L'avenir de Roubaix Tourcoing » septembre 1911.

partout, des magasins de vivres avaient été pillés, des commerçants molestés, un climat d'insurrection régnait. On avait envoyé à Roubaix, un escadron du premier régiment de chasseur à cheval, qui avait été cantonné dans une usine désaffectée de la rue de l'Industrie, dans le quartier de L'Épeule. Roubaix était à l'image de la France, partout l'armée intervenait, souvent brutalement, pour réprimer les manifestants et contenir la colère.

Le samedi soir[48], l'escadron commandé par le commissaire de police de la ville, avait chargé, sabre au clair, sur les manifestants. On voyait de nombreux blessés après les charges de cavalerie. Je n'avais pas pris part au mouvement de révolte, mais je suivais les événements, plus comme un témoin, ou plus exactement comme un journaliste. Mais je ne puis m'en empêcher, voyant un chasseur viser une femme avec son sabre, je le déséquilibrai de son cheval lorsqu'il passa à ma portée. Il fit une chute qui ne me semblait pas trop grave sur le coup, mais je ne le vis pas se relever, et je pris un coup sur la tête aussitôt après.

Je me réveillais avec un mal de crâne horrible dans une cellule du commissariat de Roubaix. Je n'étais pas le

---

[48] Le 9 septembre 1911, après la sortie des usines, des manifestations violentes éclatent dans de nombreux quartiers.

seul, des manifestants avaient été arrêtés en nombre. Nous étions tous entassés et l'on entendait que des plaintes et des cris. Certains des insurgés, hommes ou femmes étaient couverts de sang. L'un des prisonniers, André, me fit un récit plus circonstancié des derniers événements de la nuit.

– On ne pouvait pas lutter, malgré les barricades. La cavalerie a pris le dessus, il y a aussi des blessés parmi les chasseurs et les gendarmes, il paraît que le commissaire Faisan a pris une brique sur la tête.

– Que va-t-il se passer?

–Ils vont nous transférer à Lille pour un jugement rapide, certains ont été arrêtés parce qu'ils criaient aux soldats de se rebeller et de ne pas obéir aux ordres. Ils seront jugés pour outrage à l'armée et incitation de soldats à l'indiscipline[49]. Et toi ?

– J'ai déséquilibré un cavalier qui chargeait une femme avec son sabre, il est tombé de cheval. Après j'ai reçu un coup sur la tête.

– Pas bon du tout, coups et blessures, en plus il y aura des témoins, tu vas écoper d'une peine sévère, ils ont envie de faire des exemples.

– Que se passe-t-il dehors.

____

[49] Peine de prison dans le code pénal de l'époque.

– Le calme est revenu, mais ils arrêtent encore des personnes. Il paraît que de nouveaux escadrons de gendarmerie sont arrivés en renfort.

Trois jours plus tard, nous fûmes transférés au tribunal de Lille et les jugements furent énoncés séance tenante, aucun avocat ne fut présent pour nous représenter. Pour moi, les faits étaient graves : coups et blessures volontaires ayant entraîné une incapacité de travail de plus de vingt jours. Le militaire à cheval était tombé sur la tête, et on lui avait reconnu cette « incapacité de travail ». Le gendarme qui m'avait frappé avait témoigné contre moi et avait décrit avec beaucoup de détails la violence dont j'avais fait preuve pour « attaquer » le militaire. J'eus beau me défendre et essayer de « rétablir » la vérité, rien n'y fit. Je me retrouvais condamné à six mois.

Je franchis pour la seconde fois les portes de la prison de Loos. Léon, le gardien me reconnut.

– Henri, te voilà de retour parmi nous, je pensais ne plus te revoir. Va falloir que tu restes tranquille, j'ai reçu des consignes, on t'a à l'œil.

– Et pourquoi ?

– On nous a dit que tu faisais partie des anarchistes que l'on devait te surveiller étroitement. Moi, je te connais et je sais que tu n'es pas un mauvais bougre, mais certains collègues vont te provoquer pour pourvoir te dénoncer et toucher une prime. Je te donne un conseil, fais gaffe et ne réponds pas aux provocations.

Ces paroles de Léon n'étaient pas faites pour me remonter le moral. Je me dis que les six mois à venir ne seraient pas une partie de plaisir.

Les semaines qui suivirent se passèrent sans trop de problèmes. Tous les autres « prisonniers politiques » faisaient bloc, et nos regards et menaces envers les matons, les dissuadèrent de s'en prendre à nous. Nous avions un régime spécial. Lors de nos déplacements dans la prison, nous avions une cagoule sur la tête. Nous étions interdits bien sûr de visites, mais en plus, on ne nous donnait pas le maigre salaire de notre travail obligatoire. Ce qui nous empêchait de « cantiner » et d'améliorer notre ordinaire. En plus de la faim qui me tenaillait, l'ennui était immense. C'est ce qui me donna une idée, pour passer mon temps et celui de mes compagnons d'infortune. J'en fis part à l'un de ceux-ci, anarchiste très actif, Paul Emile Dassonville[50].

– Paul, et si on créait un journal pour les prisonniers.

―――――――――――――――

[50] Né à Lille en 1885, collaborateur au Journal « Le combat de Roubaix Tourcoing ».

– Interdit Henri ! Tu veux connaître le cachot tout le temps de ta détention ?

– Non, mais on peut essayer de le distribuer de façon clandestine.

– Et avec quels moyens ?

–On essaye de trouver du papier. On nous en donne parfois pour nos correspondances. On l'écrit en deux ou trois exemplaires, et la feuille passe de main en main.

– Tu oublies une chose importante, la plupart des prisonniers, et surtout ceux de droit commun ne savent ni lire, ni écrire.

– Oui, enfin, les histoires de droit commun ou les autres, c'est du pareil au même. Je suis bien ici pour une condamnation pour coups et blessures, comme si j'avais attaqué quelqu'un pour le dévaliser.

– Ça ne répond pas à ma question.

– Un illustré, Paul, un illustré, un dessin et un petit commentaire sur nos conditions de vie.

– Pas bête, il faut trouver un illustrateur. On peut se charger des textes. Et le faire passer en douce dans les ateliers de travaux.

On mit un mois pour mettre en place le projet, trouver le papier, un illustrateur qui déjà avait fourni des dessins au journal « L'assiette au beurre », et mettre au point les relais. On démarra le premier numéro avec une seule feuille, qui en disait long sur notre vie dans cette prison, mais surtout ce que nous voulions.

Vœux et souhaits.

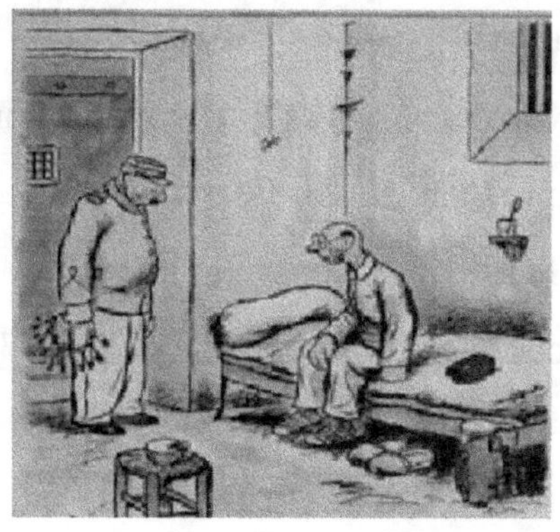

– Pardon gardien, mais pour le petit-déjeuner de demain, pourrais-je avoir du pain frais et du café.
– Pas de brioche ?
– Non, merci, j'en ai eu ce matin.

Le succès fut immédiat, et évidement l'administration et les gardiens furent rapidement informés en ayant sous les yeux, l'un des dessins. On arrivait, tant bien que mal, à sortir une feuille, recopiée en trois exemplaires tous les quatre ou cinq jours, et cela commença à animer la prison centrale de Loos. Les premiers exemplaires ne déclenchèrent pas la chasse pour découvrir les auteurs, le dessin et la légende restant dans la limite de l'humour accepté par notre administration pénitentiaire. Les difficultés et surtout la répression, arrivèrent avec le numéro que nous avions sorti pour la fin décembre.

Vœux et souhaits.

– Mes vœux pour 1912 ? M'améliorer dans le passage à tabac !

Ce dessin satirique ne fut pas, mais pas du tout, du goût du directeur et de l'administration. Le préfet fut averti, les matons fouillèrent durant deux jours toutes les geôles. Tout le papier et les crayons furent saisis, interdiction d'écrire et de faire parvenir du courrier à l'extérieur. Cela nous valut une recrudescence de punitions, de jours de cachot, une diminution de la nourriture et une retenue sur les salaires, pour ceux qui en touchaient encore. L'ambiance des derniers jours de l'année 1911, mais aussi celle des premiers jours de 1912 ne fut pas à la fête.

Je fus, un peu, sauvé par les événements, enfin c'est ce que je croyais à l'époque, car entre-temps, j'avais été appelé sous les drapeaux[51], et sans le savoir, j'avais été porté déserteur par l'armée. Celle-ci s'était quand même aperçue après enquête, que j'étais en détention à la prison. J'avais appris par une belle lettre, que dès ma libération, je devais rejoindre le 61e régiment d'artillerie à Verdun. C'est ainsi que je sortis de prison en janvier 1912, pour rejoindre mon régiment d'affectation.

---

[51] Depuis 1905, le service de deux ans était obligatoire sauf exemption.

Chapitre 11 Paris, janvier 1912.

J'avais appris en discutant dans le train avec un militaire qui rentrait de permission, que ce régiment était récent. Il avait été formé en 1910 et sa fonction était de servir d'appui à l'infanterie en se servant de la nouvelle arme de l'artillerie qu'était le canon de 75. Mais avant, il faut que je vous raconte les deux jours qui avaient suivi ma libération.

J'avais « demandé », sur conseil d'un compagnon de prison, une permission spéciale de quelques jours avant de rejoindre mon affectation. À ma grande surprise, elle avait été acceptée par le chef de corps de Lille et j'avais eu droit à un sursis d'arrivée de deux jours en plus de la durée du voyage pour le trajet en train de Lille à Verdun.

C'est ainsi que je pus revoir les miens durant plus d'une journée. Le regard de mes proches, et surtout de ma mère et de ma sœur me remplit de tristesse. Ils étaient en bonne santé, mais l'état de mon père qui ressemblait de plus en plus à un vieillard, les peinait. J'espérais de tout cœur le revoir à ma première permission, avant que son décès ne puisse survenir. Il n'avait même plus le courage de se rendre à l'estaminet et de boire un coup avec ses potes. De toute façon, ils avaient presque tous disparu, sauf dans la mémoire des survivants.

Le voyage pour me rendre à la caserne, me fit oublier cette sourde angoisse. Imaginez que je n'avais jamais voyagé. Oh, bien sûr j'avais effectué quelques courts trajets jusqu'à Lille ou Tourcoing par le mongy[52], mais en dehors de cela, pas de voyage. Oui, je sais que cela paraît incroyable en début de ce nouveau siècle, ou de nombreuses personnes voyagent et parfois très loin. Mais pas moi, et comme la plupart des ouvriers et des paysans, je n'avais jamais vu la mer, sauf sur les photographies ou les cartes postales que l'on vendait de plus en plus. Je n'avais jamais pris le chemin de fer non plus. J'avais bien vu les locomotives et les wagons à la gare de Roubaix, mais je n'étais jamais monté dedans. Là, j'allais pouvoir le faire, puisque mon incorporation me permettait de voyager en payant le quart du tarif, en troisième classe, jusqu'à mon lieu de garnison.

Mes voyages, je les avais imaginés grâce à la lecture des journaux. L'on y détaillait ceux au Pôle Sud de Roald Amundsen, au Pôle Nord de Robert Peary. On y

---

[52] Tramway inauguré en 1909 et reliant Lille et Roubaix-Tourcoing, il garde encore de nos jours, le nom de son inventeur Alfred Mongy, ingénieur des Ponts et Chaussée.

parlait des expéditions au Congo, au Mékong, en Asie Centrale. On y décrivait les ascensions de L'Aconcagua, du Kilimandjaro, du Trisul.

Je m'étais passionné aussi sur les débuts de l'aviation, et les vols des aéroplanes et de leurs aviateurs. L'année précédente Eugène Renaux avait effectué un vol de Paris jusqu'au Puy de Dôme en cinq heures, c'était incroyable. Bref, pour en revenir à moi, j'allais prendre le train de Roubaix à Paris durant 7 heures le samedi[53], une nuit à Paris, puis le train de Paris à Verdun durant 12 heures pour arriver à la caserne le dimanche soir.

En montant dans le train avec mon billet de couleur bistre et blanc[54], j'étais impressionné par la nouvelle locomotive la « Pacific 231[55] », que l'on voyait depuis quelques années. Elle ressemblait à un monstre de métal crachant des flots de vapeur. J'avais lu qu'elle pouvait atteindre une vitesse de 100 kilomètres à l'heure, je me demandais ce qui allait m'arriver si le train filait à cette vitesse.

---

[53] Durée du trajet en 1912 pour une distance de 220 kilomètres, le train s'arrêtait dans une vingtaine de gares.
[54] Couleur du billet de troisième classe pour les militaires.
[55] Elle tire son nom de sa conception aux Etats Unis et du premier voyage jusqu'au pacifique en 1901. Elle est introduite en France à partir de 1907.

Après m'être installé dans la voiture de troisième classe, bondée de militaires, d'ouvriers et de familles se rendant à Paris, ma première impression fut l'immensité des terres remplie de bois, de pâtures et de champs que je pouvais contempler pas les fenêtres. Il faut vous dire que la région où j'avais passé ma vie, était faite de villes, bourgs et bourgades. Certes, il existait de nombreuses fermes et des champs, mais l'horizon était surtout rempli d'usine, de maisons et de hangars, et là, de la terre et des arbres à perte de vue, sans maisons.

J'avais réussi à trouver une place sur la banquette de bois dans le sens de la marche. Je pus ouvrir le haut de la fenêtre et regarder par celle-ci durant des heures. Ce qui me valut par la suite le sourire de mes compagnons de voyage lorsque je repassais la tête à l'intérieur de la voiture.

– Et bien, tu ressembles à une gueule noire !

– Je ne comprends pas !

– On voit bien que tu prends le train pour la première fois. Tu sais en passant ta tête, au bout d'un moment, la fumée de la locomotive te noircit le visage, on dirait un mineur.

Je réussis tant bien que mal à me nettoyer avec un morceau de chiffon qui était dans ma valise.

On arrivait à Paris, gare du Nord. Je n'avais rien vu d'aussi grand comme bâtiment, immense, une dizaine de trains, une foule importante. J'avais l'impression d'être englouti par une marée humaine. Je sortis de la gare et m'installais dans un estaminet en face de celle-ci. Mais ici, on appelait cela, un café. Je pris place au « café du Nord » dans une salle bondée de voyageurs qui arrivaient ou étaient sur le départ.

Tout me semblait fantastique, j'étais à Paris. Je regardais par la fenêtre les flots de voiture qui passaient, curieux mélange de nouvelles automobiles, de voitures à cheval et de vélocipèdes. Je vis même passer un omnibus automobile[56]. J'eus vite l'impression que la circulation à Paris était un danger pour les piétons. Aucune règle précise n'avait l'air de réguler ces flots continus de véhicules. Les chevaux étaient affolés par le bruit et l'odeur était épouvantable[57].

– Tu viens de province, l'ami, cela se voit.

Impossible de comprendre ce que me disait mon voisin de table, il avait un accent et une prononciation telle que je n'arrivai pas à savoir ce qu'il avait prononcé.

---

[56] Le premier fut inauguré en 1905, A partir de 1910, ils remplacent les omnibus à chevaux.
[57] Déjà à l'époque les embouteillages étaient fréquents, et la circulation dense. Peu de panneaux et beaucoup d'agents aux carrefours.

Après l'avoir fait répéter et compris à peu près la phrase, je lui répondis.

– Oui, je viens de Roubaix, du Nord.

Il me regarda surpris et me dit.

– Ah, tu es étranger, tu ne parles pas notre langue !

Pourtant, j'avais eu l'impression de m'exprimer en français. Il est vrai que les conversations que j'entendais autour de moi, m'indiquaient que mon accent était différent. Il m'indiqua comment je pouvais prendre l'omnibus automobile pour me rendre au « Gaumont Palace ». Car j'avais décidé pour profiter des nouveautés de notre siècle, de voyager en automobile et d'aller au cinématographe.

Le parcours que je fis pour me rendre de la gare du Nord à la place Clichy[58], restera un beau souvenir. Je profitais pleinement du spectacle des rues et observais plusieurs édifices à travers les vitres de l'omnibus. Ce qui me surprit le plus, fut de voir des gens descendre sous terre par de grands escaliers.

---

[58] Le « Gaumont Palace » était au 1 de la rue Caulaincourt, près de la place Clichy. Construit en 1899, il était réputé comme étant le plus grand cinéma d'Europe, plus de 3000 places. Il fut détruit en 1973.

Mais oui, bien sûr, c'était les accès au métropolitain souterrain. Je décidais de le prendre pour aller à la gare de l'Est, afin de rejoindre Verdun. En attendant, j'avais une soirée et une nuit pour profiter pleinement de ma visite dans la capitale.

Je voulais aller au cinéma car j'avais envie de voir cette invention qui prenait une place de plus en plus importante dans les loisirs de notre époque. Ce soir-là, on projeta deux films[59], le « Destin des Mères » et « La prairie en feu ». Je ne me souviens plus de l'histoire, mais j'ai encore un souvenir précis des scènes et des personnages que je voyais. J'avais sursauté au début de la projection, j'avais eu l'impression que les acteurs allaient sortir de l'écran et pénétrer dans la salle. Je m'étais même baissé lors du film qui se situait au « Far-West » lorsque les bandits tiraient. J'étais conquis, c'était décidé, après mon service militaire, je ferai du cinéma. Il fallait que je me renseigne, non pour devenir acteur, mais pour écrire, produire et tourner des films. C'était magique.

---

[59] Voir la rubrique spectacle du journal « Le Petit Parisien » du 20 janvier 1912.

Encore sous l'émotion, je sortis du cinéma, bousculé par les milliers de spectateurs qui en jaillissaient, et me retrouvai dans le quartier de Pigalle.

Je dois bien vous avouer que mon seul souvenir fut de m'être réveillé dans un train, le lendemain. Complètement affolé, je m'adressai à ma voisine, une gentille vieille dame.

– Mais oui, Monsieur, nous sommes bien en direction de Verdun et nous sommes dimanche matin. Ah, vous avez dormi profondément durant quelques heures.

– Mais comment suis-je rentré dans le train ?

– Ah, vous étiez accompagné de charmantes demoiselles, peu vêtues d'ailleurs, mais que vous sembliez bien connaître.

– Je les connaissais ?

– Oui, vous leur disiez, parce qu'elles ont dû vous installer dans le train, vous en étiez incapable, que vous ne pourriez jamais les oublier et qu'elles étaient des filles merveilleuses.

– Elles étaient nombreuses ?

– Quatre à vous soutenir et vous installer.

Pris d'un doute, je pris mon portefeuille et découvris qu'il était vide.

– Je ne me souviens de rien !

– Cela ne m'étonne pas.

En fait, j'avais quelques souvenirs épars, mais très vagues, et que je préfère passer sous silence, n'étant pas sûr de moi, et pour tout dire parce que la censure pourrait faire son œuvre dans mes écrits[60].

Nous arrivâmes à la gare de Verdun en début de soirée. Celle-ci me parut bien triste en comparaison de la gare du Nord. La ville me parut morne, sans saveur et pour tout dire sinistre. Je demandai mon chemin pour la caserne et y arrivai assez tard.

La sentinelle de garde me conduisit au sergent qui me fit accompagner par un soldat jusqu'à une immense chambrée où l'on me désigna un lit pour dormir.

---

[60] Tout au long du XIX mais aussi au début du XX siècle, de nombreux auteurs furent poursuivis pour : « offense à la morale publique, religieuse et aux bonnes mœurs ».

Chapitre 12 Verdun, janvier 1912.

Un bruit tonitruant me réveilla. J'entendais un clairon et quelqu'un, dans le lit à côté, me dit :

– Vite, c'est l'appel du matin, on doit se présenter dans la cour.

– Comment ça, se présenter dans la cour. Il faut que je me lave et en plus, je n'ai pas déjeuné.

– Ne fais pas le con, faut y aller maintenant.

Je le suivis à contre cœur, comme des dizaines de gars comme moi qui dormaient dans la même chambrée et me retrouvai dans la cour devant des gradés qui nous attendaient de pied ferme. On se mit tant bien que mal en rang et en ordre et on attendit de longues minutes que le calme et le silence reviennent.

– Soldats, car vous êtes des soldats, enfin vous allez le devenir, on va vous apprendre l'ordre et la discipline. Je suis le sergent-major en charge de votre formation durant toute la durée de vos classes. Règle N° 1 : vous obéissez à mes ordres et aux ordres des caporaux qui me secondent dans ma tâche. Règle N° 2 : on ne discute jamais d'un ordre donné. Règle N° 3 : Vos chefs ont toujours raison. Règle N° 4 : L'instruction militaire est obligatoire. Règle N° 5 : En cas de refus ou de désobéissance, vous serez immédiatement condamnés au cachot. Règle N° 6 : Vous apprenez par cœur et même si vous ne savez pas lire le code de discipline militaire. Vous avez une demi-heure pour aller chercher votre paquetage, vous laver, et manger avant de vous présenter à l'appel. Rompez !

Voilà qui était clair, j'étais bien à la caserne. On m'avait prévenu que cela serait difficile surtout au début, lors de l'instruction, mais j'avoue que je n'étais pas déçu. Je pris comme les autres le chemin que le caporal en charge de notre escouade, on était répartis en compagnie, sections et escouades, nous indiquait pour pouvoir prendre nos effets militaires, nous laver sommairement dans une salle équipée de lavabos, avaler rapidement un bol de liquide un peu jaune, qu'ils avaient dénommé café, et manger du pain rassis.

Je fis connaissance d'un compagnon d'infortune.

– Moi, c'est Erwan.

– Drôle de prénom, moi c'est Henri.

– Oui, je suis breton, c'est courant chez nous Erwan.

– Je viens du Nord de la France, Roubaix ;

– Je ne connais pas. La seule ville que je connaissais avant de venir ici, c'est Brest.

– Tu es marin ?

– Non, instituteur, c'est un beau métier. Mais j'aide aussi mon père sur son bateau de pêche quand je peux. Ici je vais perdre mon temps.

– Pourquoi, ils ne t'ont pas affecté dans la marine ?

– Va savoir ! Mon cousin m'avait expliqué que même si tu as un métier, ils n'en tiennent pas compte. Lui, il était mécanicien, ils l'ont pris comme coiffeur dans un régiment de chasseurs à pied. Inutile de te dire qu'il n'a pas su couper les cheveux. Et toi, que fais-tu dans le civil ?

– Le dernier en date, journaliste.

– Fais gaffe, ici, les écrivains ne sont pas bien vus, d'ailleurs tous nos courriers seront lus par les gradés avant d'être envoyées.

– C'est une atteinte à la vie privée.

– Depuis ce matin, tu n'as plus de vie privée.

Dans les nouveaux conscrits arrivés en même temps que moi[61], il y avait des gars de toutes les régions de France et presque tous les métiers étaient représentés. Je dis bien presque tous, car je m'aperçus que les classes les plus aisées étaient peu présentes. Les nobles, et oui, il en existait encore quelques-uns malgré Maximilien[62],

---

[61] En 1912, le service militaire est obligatoire et dure deux ans, il sera porté à trois ans à partir de 1913.
[62] Robespierre

étaient officiers. Les riches bourgeois avaient échappé aux régiments de ligne parce qu'ils étaient affectés aux régiments de commandement, et comme aurait pu le dire Victor pas par l'opération du Saint-Esprit, mais bien par piston et relations de famille. Restaient donc les paysans, les ouvriers, les marins, les artisans, les instituteurs, les maçons, bref la majorité des Français.

Il faut aussi que je vous décrive nos officiers et nos sous-officiers. Comme je vous l'ai dit, j'avais été affecté dans un régiment d'artillerie, et je vous en parlerai plus tard. Mais artillerie, infanterie, chasseurs alpins ou régiments coloniaux, je pense qu'ils étaient presque tous faits dans le même moule. Ou plus exactement élevés au biberon de l'ordre établi, de la rigueur, de la discipline et du conservatisme le plus rétrograde.

Pour eux, point de salut dans la république socialiste, méfiance innée des parlementaires, des intellectuels, des francs-maçons, et de l'ensemble des citoyens qui ne pensaient pas comme eux. Je fus même témoin un jour, d'un officier refusant de saluer les couleurs un 14 juillet[63]. Heureusement, je n'eus pas trop à souffrir de ce genre

---

[63] Authentique chez certains officiers supérieurs de l'époque.

d'officier dans mon régiment. L'artillerie était plutôt demandée par les officiers les moins rétrogrades.

Passons à la catégorie des sous-officiers, je me suis souvent posé la question de comprendre pourquoi on nommait des caporaux et des sergents parmi les soldats les plus ignares. J'ai compris bien vite, qu'il s'agissait de personnes n'ayant pas pu faire autre chose. Restait donc le clergé ou l'armée. Eux avaient choisi l'armée. Bien sûr j'exagère, j'ai aussi rencontré des sous-offs sympathiques, mais ils ne sont pas nombreux, il faut bien le dire[64].

Après s'être affublé de notre déguisement de jeunes recrues, c'est-à-dire de bourgerons[65] blanc cassé pour les corvées et les exercices, de képis, de guêtres et de brodequins[66], on commença, et pour de longues semaines, notre instruction militaire. Dans l'ordre : éducation physique, marche au pas, prises d'arme, reconnaissance des commandements, exercice de tir, connaissance du terrain, exercice d'orientation, services

---

[64] Il faut bien reconnaître que la compétence de l'encadrement de l'armée à cette époque est loin d'être à la hauteur et explique beaucoup les défaites sanglantes des premières années de guerre.
[65] Ancêtre du treillis militaire, fait en coton ou en serge.
[66] Ancêtre des rangers, mais l'appellation administrative demeure dans l'armée française.

de la sentinelle, travaux de bivouac, ravitaillement des munitions, montages des tentes, reconnaissance des sonneries de clairons, et j'en oublie.

Mais ce qui me stupéfia le plus, ce fut l'instruction théorique[67]. Nous reçûmes des cours d'éducation sur les forces morales, la patrie, le drapeau, la discipline, le rôle de l'armée dans la nation. En fait, ces cours et cette théorie n'étaient pas stupides ou rétrogrades, mais il existait un tel décalage entre la théorie écrite dans un esprit de première république fraternelle, égalitaire et emprunte de liberté, et la pratique que nous vivions au jour le jour dans cette armée. Je me demandais parfois si nous n'avions pas perdu les valeurs essentielles de nos aïeux qui avaient renversé la monarchie.

–Foutaises ! Me dit un jour Erwan qui était vite devenu un ami. Cela n'a rien à voir avec les leçons et l'exemple que je donne à mes élèves dans les cours d'instruction civique. C'est comme si je ne mettais pas en pratique les leçons d'hygiène que je dispensais.

– Tiens, voilà tuyau de poêle !

J'avais surnommé ainsi un sergent d'active qui nous avait pris en grippe dès le début et s'amusait à nous

____

[67] Programme à donner aux troupes édition Chapelot 1912

149

donner les corvées les plus idiotes. Ce sobriquet m'était venu immédiatement à l'esprit, car malgré des aspects extérieurs de propreté et de rigueur militaire, l'intérieur de son cerveau devait être bien encrassé. Il faut dire qu'un jour à l'instruction de tir, j'avais fait le malin.

– Ensuite, on vise le cœur et on tire !

– De quel côté, le cœur, sergent !

– Visez le centre, vous ne pouvez pas vous tromper !

– Mais sergent, on m'a dit que les Allemands avaient le cœur à droite !

– Alors, visez la tête pour être sûr !

Il s'était renseigné auprès du lieutenant pour savoir si les Allemands étaient vraiment si différents de nous, et depuis cet épisode, il était devenu la risée du régiment.

– Soldat, vous vous ennuyez ?

– Non, sergent, je réfléchis !

– Et bien en attendant vous allez me nettoyer la cour de la caserne !

– Je l'ai fait ce matin, sergent.

– Et bien, vous allez recommencer, le travail est mal fait !

– Sergent, je peux vous poser une question pour la nécessité du service ?

– Permission accordée !

– Comment je balaie la cour ? À droite, à gauche ou au centre ?

Je pris deux jours de cachot pour insubordination. Et c'est ainsi que je découvris la prison militaire après avoir connu la prison civile. Remarquez, même si j'étais à l'isolement dans le noir, presque sans nourriture, j'étais au moins dispensé des corvées. On ne peut tout avoir. C'est ainsi que je fus, parfois avec Erwan, un locataire assidu du cachot du régiment, souvent pour des broutilles sans importances et dont les motifs étaient identiques : impertinence et insubordination.

À la fin de la période de formation militaire, je fus affecté à la première batterie du régiment. Je savais marcher au pas, défiler, tirer au fusil, me taire, balayer la cour, éplucher les patates, faire mon lit au carré, cirer les chaussures, saluer, mais je ne savais toujours pas tirer au canon de 75. Pour « récompense » de cette période intense d'apprentissage, nous avions droit à une permission de vingt-quatre heures. Et c'est ainsi, ne pouvant pas retourner chez les miens durant une si courte période, que je me retrouvais dans la bonne ville de Verdun.

En compagnie d'Erwan, difficile aussi pour lui de se rendre à Brest, et d'autres compagnons d'infortune qui partageaient peu ou prou notre vision de l'armée, nous

nous retrouvâmes, bien sûr, dans un des nombreux estaminets de Verdun. Encore qu'il me semblait qu'ils étaient en moins grand nombre que dans ma bonne ville de Roubaix.

Nous étions revêtus de nos tenues de sortie : tuniques noires, pantalon de drap bleu foncé, orné de deux bandes écarlates, caractéristiques des régiments d'artillerie, et moins voyant que la tenue bleu horizon des fantassins.

– Messieurs, je bois à notre santé, car il va en falloir pour supporter aussi longtemps notre vie de militaire ! Déclarai-je.

– Il faudrait essayer de passer notre temps à quelque chose de plus intelligent, me répondit Erwan.

– Oui, mais quoi ? Intervint Hervé, un gars de Paris.

– Interdiction d'écrire dans les journaux, d'émettre des opinions, de participer à une association civile, de faire de la politique, et j'en passe. Ajouta Charles, un méridional, dont l'accent particulier nous enchantait.

– Et pourquoi pas du théâtre ?

L'idée m'était venue spontanément, car même après plusieurs mois, je continuais à être sous le charme de ma séance de cinématographe, mais ne pouvant pas mettre en scène des films de par le matériel que je ne possédais pas, pourquoi ne pas démarrer par du théâtre.

– Il est fada, dit immédiatement Charles.

– Développe, mon petit Henri, le coupa Erwan.

– Voilà, on crée une troupe qu'on nommera… « Le théâtre du 61 ième ». On rédige la pièce, on construit les décors, on met en scène, on apprend les dialogues et on la joue.

– Ils ne voudront jamais, me répondit Hervé.

– On essaye de soumettre l'idée au capitaine Maleville, il se targue de faire de la poésie et d'être un artiste. Il pourrait nous aider à faire accepter l'idée au colonel.

– En plus, cela nous permettrait si cela marche, d'être exempté de corvée et de se retrouver à l'abri des exercices de manœuvre et de marche, continua Erwan.

À cette phrase, on se regarda tous, et on imaginait ce que cela voulait dire.

Et c'est ainsi, que notre journée de permission se passa à construire notre projet, dans nos jeunes cerveaux de vingt ans, encore remplis d'idées, de projets, et d'illusions.

Le lendemain, nous demandâmes respectueusement, et par la voie hiérarchique, de rencontrer le capitaine de notre escadron pour lui soumettre un projet afin d'agrémenter la vie et les valeurs du régiment. On attendit patiemment la convocation du capitaine qui intervint quelques jours plus tard.

– Je vous écoute, Messieurs !

– Nous avons pensé, mon capitaine, monter une troupe de théâtre au sein du régiment et pouvoir dans quelques temps faire une représentation devant les soldats, les sous-officiers et les officiers. Aussi, nous souhaitons vous soumettre l'idée pour que vous puissiez en parler au colonel, afin qu'il nous donne son accord. Bien sûr, nous travaillerions durant notre temps libre et nos permissions. Nous ne souhaitons pas du tout être dispensés des manœuvres et des exercices militaires indispensables à notre formation.

Comme je savais être servile et respectueux pour atteindre mes objectifs, cela me faisait peur, parfois.

– Excellent, excellent Messieurs, tout à fait dans l'esprit de notre armée qui doit être à l'image de la nation. Je soumettrai votre projet au colonel, et je l'appuierai. De plus, l'idée que le 61e possède sa troupe de théâtre, c'est une première pour l'armée et notre régiment fera l'objet d'article dans les gazettes. Excellent !

C'est ainsi que le projet de la troupe de théâtre de mon régiment d'artillerie fut officiellement déclaré conforme à l'esprit militaire. Restait à mettre en place l'ensemble. La cantine fut nommée salle de répétition. Les décors pouvaient être fabriqués avec l'aide des menuisiers du régiment. Les costumes seraient créés avec l'aide des tailleurs actuellement incorporés. Nous eûmes l'autorisation de répéter le soir, après la soupe et durant les jours de permission. Ce qui d'ailleurs, et comme je le pensais, fut aménagé plus tard avec des possibilités plus importantes durant les temps de manœuvres. Quelques semaines plus tard, les corvées nous étaient épargnées et les sous-offs nous foutaient la paix. Car, et suprême astuce de notre part, nous avions demandé au capitaine de devenir notre metteur en scène. Inutile de vous dire, la fierté qu'il en avait retirée. Ainsi, nous n'étions plus sous l'emprise des gradés. Restait l'essentiel, le scénario et l'écriture. Quoique l'écriture ne me fasse pas peur, encore fallait-il un scénario.

Car écrire un roman, ou une nouvelle, c'est une chose mais trouver une histoire qui tienne la route pour une pièce, c'est autre chose. Il y a des conditions de lieu et de temps, il faut trouver les scènes, à partir du sujet de départ, créer et développer les personnages. On avait vite abandonné l'idée de jouer du classique, Corneille, Racine ou même Molière, une vie de caserne se prêtait mal à ce genre de pièce. C'est Erwan qui eut l'idée.

– Et si on jouait une pièce de Monsieur Feydeau ?

– Aucune création donc ? Dis-je un peu désappointé.

– Mais si, on l'adapte à la vie de la caserne, on aura un franc succès avec la troupe.

Nous étions une dizaine dans cette aventure.

– Oui, mais laquelle ?

– Moi, j'ai vu « le système Ribadier » au théâtre du palais Royal[68], il y a quelques années. C'était amusant, fit Hervé, notre parisien bon teint.

– Et le sujet?

–Ribadier est l'époux d'Angèle, il la trompe souvent car il arrive à l'endormir sous hypnose. Et quand il revient de ses escapades, il la réveille avec un truc qu'il connaît de lui seul. Un jour, un de ses amis, revient d'un long séjour à l'étranger. Il lui confie son astuce. Malheureusement son ami est amoureux de sa femme depuis longtemps, et il réveille Angèle, lors d'une absence de Ribadier. Vous imaginez la suite.

Erwan me regarda :

– Non, Henri, non ! Pas ça !

____

[68] Première représentation en 1892.

Chapitre 13 Verdun, juillet 1912.

Évidemment, Erwan se doutait de ce que je pouvais inventer à partir d'un scénario comme celui-là pour l'adapter à la vie de la caserne. Cela amena à de grands débats de notre groupe et surtout à de grands fous rires. Il s'agissait donc de l'histoire du soldat Ribadier qui pouvait plonger une personne dans l'hypnose et notamment le sergent Poêle, lors de ses tours de garde ou de corvée, pour qu'il les fasse à sa place. Malheureusement le soldat Ribadier qui voit arriver dans le même régiment un de ses amis, le soldat Guibouille qu'il avait perdu de vue depuis des années, lui confie son secret et celui-ci en profite pour hypnotiser la petite amie du sergent et le remplacer auprès d'elle. Évidemment le capitaine Malebourg, fin enquêteur, s'inquiète de l'état de fatigue et d'hébétude de son sergent et découvre le pot aux roses, fallait bien qu'on le ménage dans le sens du poil notre capitaine, metteur en scène de son état. Dans une scène finale, il confond le coupable, l'envoie au cachot, absout le soldat Ribadier, et envoie le sergent Poêle à la retraite, tout en se prenant d'amour pour sa jolie petite amie.

Erwan n'était toujours pas très partisan de cette histoire, non pas pour son immoralité, mais bien pour les problèmes qu'elle ne manquerait pas de nous apporter de la part du sergent dont on se moquait. Et il avait raison. Toujours est-il que, portés par notre enthousiasme de l'histoire et du franc succès qu'elle pourrait avoir lors de la représentation, nous nous étions investis corps et âme dans cette aventure. Restait à convaincre le capitaine Maleville.

Je trouvai l'idée qui en ferait notre complice involontaire.

— Mon capitaine, nous souhaitons vous soumettre les textes de notre pièce, nous ne voulons pas heurter les sensibilités et la censure de notre état-major, vous serez notre gardien de la bienséance de notre régiment. Bien sûr, nous acceptons d'office toutes vos modifications et vos suggestions pour changer le texte et les dialogues de nos personnages.

— Excellent, soldat, excellent !

On ne tenait pas compte de ses modifications et de ses textes, sauf dans de courts changements dont il pourrait se souvenir lors des répétitions. Pour le reste, la stratégie était la même.

— Ah, mes amis, ce n'est pas dans l'esprit de l'armée, je pense que cela ne plaira pas !

– Mais, mon capitaine, c'est vous qui avez trouvé ce dialogue, on le trouve excellent.

– Vous devriez, mon capitaine, écrire d'autres pièces et les envoyer à la comédie française, nul doute qu'elle vous publierait.

– Ah, c'est vrai, il est fort notre capitaine, en plus de poésies, il sait écrire pour le théâtre.

– Vous pensez, mes amis, bon… bien… Continuons. Excellent.

Et on s'en donnait à cœur joie pour les dialogues, prenant des libertés avec le texte de Monsieur Feydeau.

« Le sergent Poêle, entrant vivement de gauche, troisième plan, les mains sur le ceinturon.

— Ah ! Tiens, Voilà le soldat Ribadier de garde pour la nuit !

Le soldat Ribadier, au garde à vous.

— Oui, sergent ! Fidèle au poste comme d'habitude tel que vous pouvez le voir !

Le sergent Poêle.

— Rien à signaler, soldat ?

Le soldat Ribadier, toujours au garde à vous.

— Rien, sergent ! Sauf que je me pose une question importante, sergent !

Le sergent Poêle.

— Et bien, posez votre question soldat !

Le sergent Poêle tourne autour du soldat Ribadier en inspectant sa tenue.

Le soldat Ribadier.

— *Comment, fait-on sergent pour ne pas dormir, toute la nuit durant la garde ?*

Le sergent Poêle.

— *Eh bien soldat, il faut garder les yeux grands ouverts !*

Le soldat Ribadier, *se tournant vers le sergent.*

— *Comment, faites-vous sergent, pourriez-vous me montrer !*

Le sergent Poêle, *écarquillant les yeux*

— *Comme cela !*

Le soldat Ribadier, *prenant une voix douce.*

— *Dors sergent, dors, je le veux, tu vas dormir d'un sommeil profond, tout en gardant les yeux ouverts et te tenir à ma place avec mon fusil.*

Le sergent Poêle. *Se mettant à côté du soldat.*

— *Oh ! Je vous obéis soldat, je monte la garde à votre place !*

Le soldat Ribadier, *quittant son poste.*

— *Sergent, tu te réveilleras lorsque j'aurai claqué des doigts trois fois comme cela, avant tu ne bouges pas.*

Le sergent Poêle.

— *Oui, soldat !*

Le soldat Ribadier.

— *Bon ! Pendant votre tour de garde, je vais me reposer et dormir un peu.*

Le sergent Poêle.

— *Oui, soldat !*

Le soldat Ribadier.

— *Sergent, si on vous pose la question de savoir ce que vous faites, vous dites que vous montrez l'exemple aux soldats de la troupe.*

Le sergent Poêle.

— *C'est ce que je dirai !*

Le soldat Ribadier, *prenant la direction de la salle de garde.*

— *Je vais dormir un peu !*

Le sergent Poêle.

— *Bonne nuit, soldat. »*

Et nous réécrivîmes ainsi toute la pièce. On limita les personnages à peu de monde : le soldat Ribadier, le sergent Poêle, le soldat Gribouille, le capitaine Malebourg et quelques figurants, soldats de garde et de service. Restait à régler le cas de la petite amie de Poêle. Premier problème, qui jouerait le rôle, et second problème dans quel costume de scène. Nous n'étions pas doués pour imaginer les robes d'Elodie de Pomdour, nom imbécile dont nous avions affublé notre héroïne.

Nous nous étions répartis les rôles après avoir lu chacun des scènes de la pièce et après avis des membres de la troupe. Erwan avait remporté le personnage de Ribadier à l'unanimité de tous. Le sergent Poêle serait joué par Hervé qui savait imiter à la perfection le ton d'un sous-off. Charles serait Gribouille, l'ami méridional de service. Restait à trouver Elodie.

En ce qui me concerne lors de la séance d'essai, Erwan avait trouvé que ma prestation d'acteur était à revoir et que je n'en ferais jamais un métier.

–Henri, tu joues comme si tu récitais une table de multiplication, c'est long, laborieux et sans âme !

– Je vais essayer de m'améliorer.

– Non, je pense que tu dois te concentrer sur l'écriture, la mise en scène et les idées, pour le reste…

Les autres de la bande étant hilares, cela me conduisit rapidement à penser que je n'avais pas le talent d'acteur. Restait toujours à trouver le personnage d'Elodie.

– Non, je ne jouerai pas une femme. Je vais me ridiculiser. C'est non !

Nous avions dans la troupe, un auvergnat, Jules. Assez petit de corpulence, des traits assez fins, il avait la stature lui permettant de jouer le rôle. Il n'était d'ailleurs pas mauvais comme acteur amateur. Mais ce qui remporta notre décision pour le persuader de jouer le rôle, c'était son accent. Un accent auvergnat avec une voix grave pour un gars jouant un rôle de femme, cela ferait rire nos condisciples de la caserne.

– Jules, tu ne peux pas nous laisser tomber, tu es fait pour le rôle. Et ton accent n'est pas un handicap.

– Comment ça, mon accent, je n'ai pas d'accent, je parle comme vous.

– Justement, raison de plus pour que tu joues le rôle, tu montreras à tous que le ton de ta voix est plus proche de Sarah Bernard que d'un bougnat.

– Sarah Bernard, qui c'est encore que cette femalhou[69]!

– C'est une grande actrice qui est originaire d'Auvergne[70]. Elle a conquis le public de Paris, tu pourrais faire de même.

Finalement, il accepta de jouer le rôle et même de se raser la moustache. Et nous fûmes fin prêts pour la représentation qui avait été prévue pour le 14 juillet.

Durant la journée, nous devions prendre part aux cérémonies et défilés divers qui se déroulaient dans la

---

[69] Femme en patois auvergnat, désignant une personne qui fait le travail d'homme.
[70] Elle est née à Paris, mais elle passa son enfance à Quimperlé chez une nourrice et ne parla que le breton durant ses années de jeunesse.

ville de Verdun. Le colonel avait accepté que la représentation se déroule le soir. L'état-major du régiment avait même invité des personnalités locales de la ville pour assister à la séance. Nous avions réglé le problème du costume d'Elodie grâce à l'épouse du capitaine qui nous avait donné une de ses robes. Les autres costumes ne posaient pas de problème, puisque militaires. Le décor d'une salle de garde était facile à construire, et la cantine du régiment fut nettoyée de fond en comble pour accueillir la quasi-totalité du régiment et ses invités.

Ce fut un triomphe. Malgré la médiocrité de l'histoire et notre jeu d'acteurs amateurs, les situations et les dialogues plurent énormément aux soldats et notamment lorsque le sergent Poêle était en difficulté, ce qui les vengeait des humiliations passées. Les troupes, les civils et même les officiers rirent et s'amusèrent. Seuls les sous-officiers ne prirent pas part à l'hilarité générale, et les semaines à venir risquaient d'être difficiles pour nous, et particulièrement pour moi. Personne n'ignorait mon rôle dans l'écriture de la pièce. En attendant je savourais, ce soir-là, le succès de notre entreprise.

Le lendemain je bénéficiais d'une permission de dix jours, après six mois d'absence, j'allais revoir les miens.

Chapitre 14 Roubaix, juillet 1912.

De retour dans ma ville natale, j'avais l'impression de l'avoir quittée six ans et non six mois. C'était un mélange de joie, de soulagement et en même temps un sentiment ténu de revenir dans un univers un peu étroit. Oh, pas que je regrettais la vie de caserne, bien au contraire, mais les voyages, les rencontres avec des personnes d'autres régions m'avaient permis de découvrir autre chose, de me sentir plus tolérant, plus libre, moins enfermé dans un monde clos.

Ma première visite fut pour mes parents. Ma mère semblait égale à elle-même, mais les cheveux blancs avaient donné une teinte d'hiver à sa chevelure. Mon père avait dû arrêter son travail à l'usine. Heureusement, mon frère aîné vivait toujours avec eux et son salaire leur permettait de vivre, avec en plus l'argent que ma mère arrivait à gagner grâce à quelques ménages à l'extérieur, et ce que donnaient régulièrement Octavie et Victor. Le petit Joseph avait presque trois ans et se portait comme un charme. Il faisait la joie de mes parents et de ma mère qui, à travers lui, revoyait ses enfants. Mon père lui fabriquait des jouets en bois et lui racontait toutes sortes d'histoires, même si le petiot ne comprenait pas grand-chose. Je revis aussi mes autres sœurs et mon frère Alexandre, mais d'une façon plus rapide, j'avais moins de choses à leur dire. Je me sentais moins proches de leur vie et de leurs pensées. Je dormis les premières nuits chez mes parents, puis pris pension de nouveau chez Kilian, qui m'accueillit comme un fils prodigue. Octavie et Victor s'étaient proposés de me loger, ils avaient de la place, mais leur vie de famille cadrait mal avec ma vie de célibataire.

– Fils, que vas-tu faire après ton service ?

– Je ne sais pas Kilian, je voudrais faire du cinéma, mais j'en ai encore pour près de dix-huit mois d'armée.

– Fonce, fils, fonce, construis tes rêves, tu as assez de ressources pour réussir dans la vie.

Les dix jours passèrent rapidement et lors de mes adieux, j'eus une conversation plus sérieuse avec Victor.

– J'espère que tu ne seras pas engagé dans une guerre avant la fin de ton service.

– Pourquoi, tu me dis cela, tu me fais peur !

– On a frôlé la guerre en 1911 avec l'Allemagne à cause du Maroc[71], mais ce n'est que partie remise, les

---

[71] C'est le coup D'Agadir, l'Allemagne qui veut étendre son influence en Afrique envoie un navire de guerre dans la baie d'Agadir pour enrayer l'influence française.

deux camps sont bien décidés à se battre et le moindre prétexte suffira à la déclencher.

– Je viens de lire dans le journal que le ministre de la guerre Millerand prépare une nouvelle loi militaire pour un service de trois ans afin de créer de nouveaux régiments, et un nouveau règlement militaire plus contraignant.

– Henri, ce n'est pas la revanche de 1870 et le retour de l'Alsace et de la Lorraine au sein de la France, que veulent nos militaires, politiques et financiers, c'est la domination et l'expansion dans les colonies. Et c'est pareil en Allemagne. L'Europe veut se partager le monde, pour trouver des débouchés à ses produits manufacturés et les matières premières pour les construire[72]. Seul Jaurès et une partie de la SFIO sont contre la guerre. Mais je crains que cela ne suffise pas.

– Oui, je sais cela. Je voulais consigner mes impressions sur la vie militaire dans un carnet, je vais le faire.

– Dommage que tu ne sois pas reconnu comme journaliste, on aurait pu t'embaucher comme correspondant.

––––––––––––––––––––

[72] Au début du XX siècle, l'Europe représente la moitié de la population mondiale et 70% de la puissance industrielle et commerciale.

– Impossible en étant militaire, et puis la vie de caserne, c'est d'une banalité et d'un ennui affligeant.

– Sois prudent et reste sage.

Prudent, oui, sage, je ne sais pas. Je quittai Victor et rejoignis ma caserne. En y arrivant, je n'avais pas le moral au beau fixe. Je fus informé rapidement de ce qui s'était passé durant mon absence.

– Tuyau de poêle s'en prend à Jules. Il écope de peines de prison systématiques, pour des broutilles ou des fautes imaginaires. Pour l'instant, il tient le coup, mais je ne sais pas si cela va durer longtemps avant qu'il ne fasse une connerie.

– Mais pourquoi, Jules ?

– L'histoire de la pièce, Poêle a vite compris ou on lui a expliqué, qu'on le visait et le tournait en ridicule.

– Je me sens responsable ! C'est de ma faute, tu m'avais prévenu. Mais pourquoi Jules ?

– Il a dû considérer que c'était le plus faible ou le moins protégé.

– Bon, je vais intervenir !

Je n'eus pas loin à aller pour voir Jules, en train de balayer la cour, avec Tuyau de poêle le surveillant.

– Salut, sergent !
– Qu'est-ce que tu fous ici !

– Je voulais savoir quel était le motif de la punition pour Jules ?

– Je n'ai pas à te le dire.

– Je vais vous expliquer la suite. Si jamais, il écope encore d'une punition sans motif valable, je me plaindrai en adressant au capitaine de batterie un mot circonstancié sur vos agissements.

– Tu me menaces ?

– Prenez-le comme vous voulez, mais à partir d'aujourd'hui, vous avez affaire à moi.

La menace porta, il cessa son harcèlement. La contrepartie fut rapide, la quasi-totalité des sous-officiers s'en prenait à moi. Ce fut vite un enfer. Comme les punitions étaient données par des caporaux et des sergents, j'eus droit aux jours de consigne sans possibilités de sortir de la caserne, à la salle de police tout en continuant à effectuer mon service, aux corvées et enfin à la prison commune. Le tout pour que je ne sois plus en mesure de résister et afin de me briser. Heureusement, ils ne pouvaient pas me condamner, à la cellule en isolement, seuls les officiers pouvaient le faire en aggravant la peine. Dans ce cas, l'isolement était accompagné par des corvées pénibles. J'avais le temps pour réfléchir et ma préoccupation fut d'imaginer un moyen pour me sortir de cette situation. Ce qui se passait, était non conforme au règlement militaire, les sanctions étaient données pour des motifs, la plupart du temps, farfelus, comme celui pour lequel je purgeais ma peine. Un sergent d'une autre compagnie, en me croisant, me dit d'aller cirer ses chaussures dans sa chambrée. Je refusai, et j'écopai de deux jours de salle de police pour motif « refus d'obéissance ». Évidemment, la plupart du temps, les rapports n'étaient même pas consignés par le gradé dans le relevé de punition qui accompagnait mon livret militaire, bien que cela soit obligatoire.

Je pouvais toujours adresser une plainte officielle, mais je devais d'abord faire ma punition, puis adresser ma requête, et si elle n'était pas perçue comme valable, j'en effectuais le double. Il fallait donc que je devienne un expert de leur code militaire et que je dénonce chaque abus par un écrit remis à la hiérarchie. J'étudiais dans ce but le « Règlement sur le service intérieur des troupes »[73] et le « Manuel de justice militaire »[74].

Et c'est ainsi que je lus dans le règlement intérieur que « *Sont réputés fautes contre la discipline, tout mauvais propos, toute voie de fait envers un subordonné et toute punition injuste* », voilà un passage intéressant.

---

[73] De 1892, voir sur le site Gallica de la BNF.
[74] En ligne, l'édition de 1914 sur le site Gallica.

En ce qui concernait les punitions infligées aux subordonnés, elles ne pouvaient être données que sur des motifs précis. « *L'ivresse* », ce n'était pas mon cas. « *Tout mauvais propos* », le fait d'avoir dit « *Merci Monsieur* » au caporal qui m'avait donné ordre de nettoyer la chambrée, était-il considéré comme un mauvais propos ? À réfléchir ! « *Tout défaut d'obéissance* », terme ambigu, j'obéissais aux ordres concernant le service mais refusais de cirer les pompes du supérieur. « *Les murmures* », ah, il fallait que je fasse attention. Il est vrai que j'étais toujours à marmonner quand j'entendais des instructions ou des ordres que je trouvais idiots. « *Les querelles entre militaires* », ce n'était pas pour moi. « *Tout dérangement de conduite* », qu'est-ce que ça voulait bien dire ? « *Le manque aux appels, à l'instruction, aux revues et inspections* », non j'étais toujours présent car je savais que c'était le premier motif de punitions, avant même l'ivresse. Et pour finir, « *toute faute au devoir et au service militaire* » était passible de punition. Le fait d'avoir réagi lorsque j'avais vu un sergent frapper un cheval uniquement parce qu'il ne savait pas le monter, était-il une faute au devoir ? Unilatéralement, je décidais que non, c'était un devoir de justice de réagir contre les mauvais traitements.

Je continuais à étudier dans le détail le règlement. Un jour, quelque chose attira mon attention, « *Tout officier, sous-officier ou brigadier, qui rencontre un inférieur pris de vin, occasionnant du scandale, troublant la tranquillité publique, ou dans une tenue indécente, doit employer son autorité pour le faire rentrer dans l'ordre, et le punir s'il y a lieu, sous peine d'être puni lui-même.* » Une idée me vint. Oh non, ce n'est pas ce que vous pensez, impossible pour moi de dénoncer quelqu'un, fut-il un sinistre crétin. Par contre, me dénoncer, moi-même pour une « *faute au devoir* », je ne trouvais aucune contre-indication à ma morale.

Il faut avouer que le sergent Tuyau de Poêle et le brigadier Fournier avaient une furieuse tendance à parcourir la cour de la caserne en état d'ébriété, le soir après l'appel. Je les guettais, lors des rares moments, où je n'étais pas puni. Cela ne dura pas longtemps pour les surprendre dans un état d'ivresse et je me précipitai près d'eux en simulant le même état.

– Bonsoir Sergent. Bonsoir Brigadier.

– Soldat Becquet, au rapport !

– Oui, sergent !

– Que faites-vous dans la cour, après l'appel et dans un état particulier ?

– Je me rends à ma cachette, sergent.

– Quelle cachette ?

– Là, où je garde ma réserve d'absinthe.

– Confisqué soldat !

– Bien sergent !

– Nous allons saisir l'objet du délit !

– Je vous comprends Sergent.

– Vous nous montrez votre cassette, euh, votre cachasse, enfin l'endroit du délit !

– Bien, sergent.

Et, tout naturellement, je les emmenai à la salle de garde, où se trouvait le sergent-major de la garde de nuit, avec l'escouade de service.

– Halte, que voulez-vous ?

– Montrer à mes amis, ma réserve d'alcool pour la partager.

–Oui, nous devons la saisir pour le bien et la santé du soldat, répliqua Poêle.

Le soldat de garde alerta immédiatement le sergent-major, qui, au vu des explications embrouillées que nous pouvions donner, nous fit mettre aux arrêts. Ma vengeance était en route, en y repensant, je n'en suis pas fier, mais que voulez-vous, à l'époque je pensais surtout aux brimades que ces hommes pouvaient donner à la troupe, et je n'eus, sur le moment, aucune honte. Nous passâmes devant l'officier le lendemain matin, à tour de rôle.

– Qu'avez-vous à dire, soldat?

–Je plaide coupable, mon lieutenant, j'étais ivre. Le sergent et le caporal ne voulaient pas me dénoncer. Pour les remercier, je voulais leur faire profiter de ma réserve d'alcool. Mais je ne savais plus si j'en avais encore. Nos pas nous ont conduits à la salle de garde. Après, je ne me souviens plus de rien.

Les deux sous-officiers plongèrent immédiatement, ils n'avaient pas dénoncé un subalterne. Mon objectif était atteint. Non pas par rapport à leur punition peu importante, ils furent consignés à la caserne durant un mois. Mais leur réputation en souffrit, et ils ne pouvaient plus donner des punitions avec autant de facilité. On mit en doute sérieusement leurs motifs. Pour moi, la sentence était plus dure, et avec des conséquences importantes, j'étais muté dans un bataillon disciplinaire, par décision en date du 12 décembre 1912 du conseil de discipline du régiment.

Chapitre 15 Marseille, janvier 1913.

Marseille, mon ami Charles m'en avait parlé abondamment.

La découverte de cette ville à mon arrivée, ne fut pas possible. J'étais accompagné par un gendarme jusqu'à la caserne où je logeais. Je devais ensuite prendre un bateau pour rejoindre le troisième bataillon d'infanterie légère d'Afrique. Ce régiment était stationné au Maroc. Il participait à la campagne que la France menait dans ce pays[75]. Il faut que je vous explique la situation, si jamais vous n'avez pas suivi les derniers événements dans les journaux.

En 1907, la France occupe la ville d'Oujda[76]. En 1912, de par le traité de Fès, le sultan du Maroc perd la souveraineté d'une bonne partie de son territoire au profit de la France, et à partir de 1913, la « pacification » des tribus de Maroc fait partie des objectifs de notre gouvernement. On appelait cela la politique coloniale. J'y voyais surtout une mainmise de notre pays sur un

---

[75] Elle dura de 1912 à 1934 et fit 60.000 morts dans les rangs français. Les morts du côté marocain sont plus importants, mais aucun décompte ne fut entrepris.
[76] Situé à l'extrême nord-est du pays.

territoire qui perdait son autonomie et son indépendance. Mais il est vrai que nous étions peu nombreux à penser cela. L'opinion la plus répandue est que nous devions apporter notre civilisation et notre culture à travers le monde.

J'allais donc participer à cette campagne, en tant qu'artilleur dans une batterie attachée à ce bataillon, pourtant je ne savais toujours pas tirer au canon de 75. Ce n'était pas mon principal souci. J'étais surtout préoccupé de la vie que j'allais connaître dans ce bataillon, et comment j'allais faire face à une situation de guerre, moi qui étais un pacifiste convaincu.

Le capitaine Maleville m'avait reçu avant mon départ. Pas mauvais bougre, il m'avait donné quelques conseils.

– Vous êtes quelqu'un d'intelligent, soldat, tenez-vous tranquille, les punitions dans un régiment de ligne et en pleine opération de guerre ne sont pas du même niveau que ce que vous avez connu ici. Là-bas, vous risquez le conseil de guerre, et les sanctions peuvent être lourdes, la prison et ensuite le bagne, et même la peine de mort. Pas d'indiscipline, vous obéissez, pas de possibilité à interpréter par vous-même le règlement. Le côté positif, c'est que les officiers et les sous-officiers dans ces bataillons, ne sont pas là pour essayer de trouver des motifs de punition, plus ou moins valables. Ils sont là pour conduire les troupes et essayer de sauver la peau de tout le monde.

– Oui, mon capitaine.

– Si vous avez la possibilité, essayez de devenir vaguemestre[77] de la compagnie. C'est un poste qui vous conviendra et vous permettra de tenir le coup. Faites votre temps sans histoire et vous serez libéré de vos obligations à la date prévue. Faites-vous oublier.

– Merci, mon capitaine.

Je pensai mettre en pratique ces conseils et surtout le dernier. En attendant, j'étais caserné à la quinzième légion de gendarmerie de Marseille[78] pour les quelques jours qui restaient avant le départ du paquebot qui m'emmènerait jusqu'à Casablanca, au Maroc. Je faisais connaissance avec mes condisciples, et j'avoue que je n'en menais pas large. La plupart étaient des repris de justice dans le civil qui devaient faire leur temps militaire, ou des « fortes têtes » dans l'armée qui avaient été jugés pour des motifs graves : désertion, malversations, coups et blessures. Puis, je me fis la réflexion que j'étais moi-même un « repris de justice »

---

[77] Il est chargé de la distribution des courriers et des mandats, il doit cependant être choisi parmi les sous-officiers.
[78] Gendarmerie mobile.

dans le civil et en plus, on pourrait me qualifier de
« forte tête » dans la vie militaire.

Il fallait m'adapter à mes compagnons, sans toutefois
essayer de m'en faire systématiquement des amis, et je
me mis à vivre au jour le jour. Je compris très vite qu'il
fallait distinguer deux catégories, les apaches[79] et les
politiques. Les deux groupes ne se mélangeaient pas
même s'ils se côtoyaient au quotidien dans les
chambrées et les unités formées.

La réquisition du paquebot commercial « Chaouia »[80]
pour le transport des troupes envoyées au Maroc pour
renforcer le contingent, avait pris du retard. Nous ne
partirions qu'en février. Durant ce temps et pour éviter
des incidents, l'officier supérieur de la caserne avait
autorisé les sorties en ville, de jour uniquement et retour
avant l'appel du soir, sous peine de prison immédiate.

Je « bénéficiai » ainsi d'une première permission vers
le milieu du mois de janvier. Ce qui me surprenait le plus
était le climat doux qui régnait dans cette ville. À cette
époque à Roubaix, il faisait très froid, et la neige était

---

[79] C'est ainsi que l'on désignait les jeunes voyous de l'époque. Le mot veut
dire « ennemis » dans une langue indienne pueblo et désignait ces tribus
nomades qui les attaquaient régulièrement.
[80] De la compagnie Paquet, construit en 1896, il était souvent réquisitionné
pour le transport de troupes entre Marseille et la Maroc.

présente. Aussi la sortie et la promenade en ville étaient bien agréables. Sortant de la caserne située dans les quartiers nord, je me rendis rapidement vers le lieu le plus souvent cité par Charles, le vieux port.

Et là, pour la première fois de ma vie, je vis un port. Me baladant sur les quais j'aperçus au loin, un spectacle fantastique, la mer. C'était bien sûr la première fois de ma vie. Je restais ainsi des heures à regarder le spectacle sans cesse renouvelé des bateaux de pêche qui rentraient, des marchands de poisson à la criée, des caboteurs qui allaient et venaient dans le port, mais aussi de cette étendue d'eau, dont les reflets et les couleurs étaient sans cesse modifiés par le soleil et les nuages.

Je repris le chemin de la caserne et me promis de revenir le plus souvent possible.

Quelques jours plus tard, profitant de nouveau d'une permission un dimanche, en me promenant toujours près du port, je découvris le théâtre « l'Alcazar »[81], dans la rue de la canebière. Par curiosité, je regardais l'affiche de la pièce de théâtre que l'on jouait ce jour-là, et vis que l'on donnait une représentation intitulée « Robert Macaire », dont le rôle principal était tenu par un

____

[81] Ouvert en 1857, il fut fermé en 1966.

dénommé Raimu[82]. J'avais déjà, bien sûr, entendu parler
de ce bandit imaginaire Macaire, dont les aventures[83]
étaient racontées dans de nombreuses pièces. Pourquoi
ne pas aller voir cette pièce, et pouvoir ainsi comparer
par rapport à ce que l'on avait pu faire lors de notre
représentation.

Je pris un billet pour la séance de l'après-midi. La
pièce en elle-même ne me plaisait qu'à moitié. Cela
tenait de la comédie bouffonne, et le ressort comique ne
venait pas des textes, mais des acteurs. Notamment de
celui qui jouait le rôle de Macaire, le dénommé Raimu.
Tout était dans sa façon, de s'exprimer, de se tenir, de
ses gestes, de ses mimiques qui « collaient »
littéralement aux dialogues. Je fus ébahi par son jeu et
son aisance naturelle. Je restai longtemps après la fin de
la représentation dans la salle, à laisser courir mon
imagination.

Quelle ironie du sort, sans cette sentence du tribunal
militaire de devoir rejoindre les « Bat d'AF », je n'aurais

---

[82] Né en 1883 à Toulon, il est d'abord acteur de théâtre avant de devenir
l'acteur de cinéma. Orson Welles dira de lui en 1946 : « c'est le plus grand
acteur du monde ».
[83] Créé par Benjamin Antier en 1823. Evoluant au fil des ans, le bandit
devient un personnage sacrilège pour le pouvoir, puisque contre l'ordre
établi.

jamais vu un vrai acteur et je n'aurais jamais compris la vraie différence entre le théâtre et le cinéma.

Je n'eus plus l'occasion de revenir vers le port et de revoir des acteurs, nous partîmes quelques jours plus tard.

Évidemment, ce fut aussi la première fois de ma vie que je voyageais sur un navire. Et là, je ne fus pas déçu. Malgré une mer calme, je ne vis rien de la traversée et passai tout le temps à être malade. J'avais l'impression de mourir. Je commençais à me sentir un peu mieux, arrivé en vue de la ville de Casablanca. En débarquant, je m'imaginais déjà rester toute ma vie sur le continent Africain, pour ne plus subir le mal épouvantable que j'avais connu durant la traversée. Je me voyais aussi écrire à mes parents et à mon ami Victor, une lettre dans laquelle je leur dirais que j'étais « prisonnier » dans ce pays, et que je préférais y passer le reste de ma vie, pour ne plus subir ce mal de mer.

En fait, j'oubliais assez vite ce désagréable souvenir, en plongeant dans une ville, un pays, un continent que je ne connaissais pas et dont je tombai presque immédiatement amoureux. J'eus l'impression, quasi immédiate, de revenir dans un pays que j'avais toujours connu, que j'avais quitté il y a longtemps, et que je retrouvais. Les couleurs, les personnes, les constructions, les odeurs m'étaient familières. Impossible de décrire ce que je ressentais et je suis conscient à cet instant de mon récit, que vous devez me prendre pour un fou. Et pourtant, c'est la vérité.

Je vais vous décrire cette ville, ce port. C'était deux mondes qui se mélangeaient sans réussir à se confondre, mais qui arrivaient à se juxtaposer et à s'harmoniser dans un univers de couleurs les plus diverses. J'avais l'impression d'une explosion, d'un éclatement de toutes les nuances de l'Arc-En-Ciel réunies sur une mosaïque. D'un côté, le port et la ville presque occidentale, avec ses grandes avenues où circulaient les mêmes calèches, voitures et bicyclettes que dans nos grandes villes, qui passaient près des ânes avec leur chargement et des chameaux. De grands bâtiments se dressaient, la Poste, le palais du gouverneur, le palais de justice, les banques, et les grandes villas blanches. Mais noyés dans ce flot de constructions occidentales, on pouvait apercevoir des bâtiments différents avec des tours carrées, appelées mosquées et des maisons dont les petites ouvertures étaient rondes et les murs austères, les « Riad ». Dans ces rues et dans cette partie de la ville, dont certains édifices étaient récents et construits par les Français, deux vies, deux civilisations, deux cultures se mélangeaient. Et une dominante, le soleil qui éclaboussait le tout de sa couleur et de sa chaleur. Un monde irréel s'offrait à moi.

Tout en continuant notre marche vers la caserne, j'aperçus la partie traditionnelle de la ville avec ses petites rues, ses arcades et ses commerces. C'était une ville différente, où l'histoire de ce pays se racontait à travers les scènes de la vie et le regard de ses habitants. Je voyais une autre époque, une autre vie, comme si j'étais le témoin privilégié de deux mondes différents, de deux époques qui défilaient à travers la marche qui nous menait du port à la caserne. Les gens étaient habillés différemment, les hommes portaient de longues tuniques blanches et les femmes, des habits multicolores ornés de bijoux. Elles étaient parfois voilées, et l'on n'apercevait que le blanc éclatant de leurs yeux. Ils nous regardaient comme des ombres irréelles d'un monde inconnu et bizarre.

Quelques mots sur ce bataillon d'Afrique que je rejoignais au Camp Servière. On m'avait expliqué que celui-ci, créé en 1834, lors de l'invasion de l'Algérie, certains disent conquête, a toujours été stationné en Algérie. Mais depuis quelques mois, et pour participer aux opérations militaires dans le Maroc Occidental, il tenait garnison à Casablanca. Cette unité avait déjà participé à de nombreux conflits et campagnes, en Chine, au Japon, à Sébastopol, à Formose, au Tonkin, bref je me doutais bien que la vie militaire que j'allais connaître serait bien éloignée de celle de Verdun.

– Je m'appelle Edouard Delcroix !

Ça, c'était mon compagnon de marche, qui m'interpellait.

– Henri Becquet, soldat d'infortune dans un régiment d'Afrique.

– Oui, comme la plupart d'entre nous, encore qu'il y ait des engagés volontaires qui ont signé pour plein de raisons que je suppose valables.

– Comment es-tu arrivé ici ?

– Je suis philosophe.

Je le regardai surpris de sa réponse en me demandait s'il se foutait de moi. Faut vous dire que j'avais appris ce que c'était sur un tard. Comme vous le savez ma formation scolaire était légère, et le reste n'était venu que par mes lectures. J'avais lu et compris ce que c'était. Cela m'avait intéressé, mais ce n'était pas devenu une passion, à la différence de la littérature en général et de l'écriture en particulier. Je me demandai bien comment le fait d'être une personne étudiant les principes de la connaissance de la sagesse, pouvait finir dans un régiment disciplinaire.

– Et comment… ?

– Tu te demandes comment et pourquoi cela m'a conduit à être à tes côtés aujourd'hui.

– Oui, c'est assez éloigné des motifs habituels.

– C'est très simple, je me suis destiné à devenir Professeur et à enseigner. Avec une passion réelle pour décrire, observer, déterminer, expliquer, voire méditer sur les sujets les plus variés. Aussi, j'en suis arrivé à devenir Professeur de philo[84]. Puis, mes études et mon intérêt m'ont amené doucement vers la philosophie politique.

– Ah, là, je commence à comprendre dès que tu emploies le mot politique, bien que je ne sache pas, ce que cela veut dire « philosophie politique ».

Je sais que vous n'allez toujours pas me croire, mais il est vrai que sous une chaleur de plomb, dans un pays et un continent inconnu, en formation de marche dans une escouade, je me mis à discuter « philosophie » avec Edouard.

– Je ne veux pas t'importuner avec mon métier et ma passion.

---

[84] Enseigné depuis 1809 en terminale, les cours se renforcent sous la III République.

– Je t'écoute, cela me fera oublier que j'ai furieusement mal aux pieds, que mon paquetage me scie les épaules, que mon fusil est lourd, et que j'ai une soif du diable, sans parler de mon mal de mer qui se dissipe lentement et me donne encore des nausées. Alors tu penses que ton sujet et ton histoire m'intéressent pour moi, puisque mon principal défaut ou qualité, c'est selon, c'est la curiosité. Une curiosité qui a souvent le mérite de me faire oublier mes tourments.

– Puisque tu insistes ! Cette branche de la philosophie est l'étude des concepts du pouvoir politique. Cela a démarré avec Socrate, qui a été le premier à le critiquer, bien que d'autres comme Platon et Aristote aient habilement disserté sur l'honneur de celui-ci. Puis, au Moyen Age, on a théorisé les liens de l'Église et de ceux qui nous gouvernent, avec des auteurs comme Fénelon et Bossuet. Puis Rousseau et Voltaire ont pris le relais pour associer la volonté et le désir de la politique. Enfin, plus récemment, des auteurs comme Marx, Proudhon ou Saint-Simon ont analysé les grands courants de l'histoire avec la pratique de celle-ci. Comprends le mot comme la vie de la société qui nous entoure, même si l'on pense rapidement à nos chers élus, qui sont un sujet d'analyse et d'étude fantastique. Pour terminer, on peut citer, et c'est récent, l'étude de l'érosion de la vie politique par les intérêts individuels. Je me suis donc mis à étudier comment on est passé de l'honneur à la déchéance des hommes qui en font partie.

– Fichtre, tout un programme !

Je ne connaissais pas la moitié des auteurs qu'il m'avait cités. Par contre la trame de la « science » qu'il m'expliquait, m'intéressait.

– Comme je commence à oublier mon mal de pied et mon mal de mer, continue, tu es aussi précieux qu'un bon médecin.

–Ton image n'est pas mauvaise, le médecin doit soigner les maux physiques, enfin normalement. La nouvelle discipline de la psychiatrie doit soigner les maux du cerveau, enfin c'est ce que l'on dit. La philosophie doit soigner les maux de l'esprit, enfin c'est ce que je pense.

– Et comment ?

–Par la connaissance, l'analyse, la compréhension, et l'étude. Prenons l'exemple de cette noble institution que l'on appelle l'armée. Pour l'instant, toi, moi et tous ces « compagnons d'infortune », comme tu les appelles, nous souffrons de ce qu'elle nous fait subir, si on s'arrête à la question du « comment ». C'est-à-dire à la manifestation purement descriptive des marches, exercices, discipline et autres joyeusetés que l'on veut bien nous inculquer. Mais si on étudie le « pourquoi », on commence à comprendre les mécanismes de la théorie de ceux qui ont voulu cela, et qui l'on transcrit dans des codes et des règlements militaires. Notre sens critique peut alors s'exercer sur leur théorie, bonne ou pas. Les arguments dont l'on veut bien nous abreuver à longueur de journée, pour nous faire accepter les codes sont disséqués à la lumière de leurs objectifs.

– On peut comprendre les véritables intentions et mieux les combattre, si elles ne sont pas en accord avec le bien de la société.

– Oui, tu apprends vite !

– Et comment détermines-tu le bien de la société ?

–Je ne détermine rien du tout. Je me contente de l'observation des faits et de leurs conséquences. Comme un médecin le fait pour une maladie. Prend exemple sur une mauvaise blessure à la jambe, en fonction de la gravité de la blessure on va devoir amputer pour sauver la personne. Mais si on le fait à tort, on va rendre la personne invalide. C'est là toute la difficulté de l'observation et de l'analyse des conséquences. Aussi, le « pourquoi », qui peut être louable et nécessaire à la vie en société, ne peut à lui seul, pouvoir te donner tous les éléments nécessaires pour juger. Il faut après comprendre le « où » et le « quand ».

– Je ne comprends pas.

– Prenons toujours l'exemple de la mauvaise blessure à la jambe, la décision du toubib dépendra du lieu où il se trouve, et il y aura une différence entre un hôpital où il exerce, et un coin perdu dans la campagne, où il pratique. Le « quand », est plus subtil. Soit-il le fait, dans l'instant, bien qu'une charrette ou une voiture pourrait le conduire lui et son malade dans un temps raisonnable à l'hôpital éloigné et ainsi sauver la jambe de son patient. Soit, il remet à plus tard son intervention, et les conditions vont aggraver la gangrène et faire mourir son patient. Mais parfois le « où » ou le « quand » n'explique rien.

– Et ?

– Et bien, cher compagnon d'infortune, tu peux être assuré que la décision ou le choix n'est poussé que par des intérêts personnels et le « bien de la cité », comme l'exprimaient nos chers philosophes antiques est le dernier souci de l'homme politique et de tous ceux qui en font un métier.

– Un exemple sur l'armée ?

– Prend la durée du service militaire. Tu n'es pas sans ignorer que les débats à la chambre durent depuis de longs mois pour la porter de deux à trois ans. Le « pourquoi » est simple, on sait, ou l'on pense, que la guerre avec l'Allemagne est inévitable. Et dans un esprit de revanche par rapport à la déroute de la guerre de 1870, on s'y prépare.

– J'ai un ami, qui pense que c'est surtout pour la conquête de nouvelles colonies !

– Oui, il a raison, c'est l'objectif du gouvernement et de la plupart des parlementaires, mais pour les militaires, c'est la revanche.

–Mais on nous donne l'explication que c'est l'Allemagne qui veut la guerre.

–C'est peut-être vrai, mais c'est tout autant la France qui veut la guerre. Car, si on ne veut que se défendre contre l'Allemagne, on peut aussi bien voter la proposition de Jaurès pour un service de 18 mois et des périodes régulières d'exercice et de manœuvre ensuite. Une forme de milice comme cela se pratique en Suisse. Mais comme on veut la guerre, la durée à trois ans permettra d'avoir près d'un million de soldats français déjà équipés et préparés pour la guerre. Dans mon exemple, c'est le comment qui explique les objectifs.

– Difficile à te suivre.

– C'est toute la complexité et je dirai le plaisir, de cette discipline.

– Et pour en revenir à ton cas personnel ?

– J'allais presque l'oublier. C'est simple. J'ai entretenu une correspondance avec de jeunes philosophes Allemands[85], et j'en ai parlé durant mes cours. On m'a arrêté pour espionnage. J'ai été innocenté, mais lors de mon incorporation pour le service militaire, j'ai été affecté dans ce bataillon, histoire de me surveiller je suppose.

– Et je suppose aussi qu'ils te considèrent comme un anarchiste !

– Oui, c'est même inscrit dans mon casier judiciaire, car j'ai été arrêté pour « propos subversifs exprimés en réunion publique », puisque j'étais en cours, et j'ai été condamné à six mois de prison[86]. J'ai ensuite été radié du corps enseignant.

– Tu faisais de la propagande ?

– Non, j'enseignais, je ne prenais pas parti, mais la critique, au sens de l'art de juger, ne plaisait pas. Je me suis aperçu que notre République, plus exactement la République de nos chers politiques, supporte l'avis contraire et les opinions divergentes, mais ne supporte pas que l'on explique les véritables motifs et les desseins de leurs décisions.

– Si je résume, on peut dire en réunion publique d'un élu que c'est un imbécile, mais pas un voyou !

---

[85] Ils fonderont par la suite l'école de Francfort, qui théorisera dans les années 1950, la critique sociale du capitalisme pour pouvoir le transformer.
[86] Condamnations souvent prononcées durant ces années de 1880 à 1920.

– Surprenant résumé ! Je m'en resservirai, oui, c'est bien cela.

– Un imbécile ne sait pas ce qu'il fait, donc on peut l'excuser, mais un voyou, non, il le fait dans le but précis de s'enrichir.

– Oui, mais pour la politique, ce n'est pas forcément le cas. Le détournement et l'enrichissement ne sont pas toujours les objectifs premiers.

– Il y en a d'autres ?

– Oui, le pouvoir ! L'ivresse du pouvoir ! C'est une véritable drogue pour certains. La puissance, le commandement, la servilité des autres, l'attraction de la charge, les apparats, ce sont de puissants facteurs. Et une fois dans cette forteresse de pouvoir, ils peuvent être insensibles à ce qui les entoure. Et souvent, ils ne s'en aperçoivent plus. La drogue du pouvoir ne leur indique plus s'ils prennent la bonne décision, la seule possible. Ils ne comprennent plus qu'il peut y en avoir d'autres. Ils pensent que leur décision est prise pour le bien de tous, que leurs concitoyens sont ignares pour le moment et qu'ils s'apercevront par la suite de la justesse de leur pensée et de leurs décisions. Seuls quelques rares hommes savent qu'il faut influer sur l'environnement pour justifier les décisions, et non justifier l'environnement pour expliquer les décisions.

– J'ai de nouveau décroché !

– Si on essaye d'expliquer la décision de porter le service militaire à trois ans en faisant valoir que la guerre avec l'Allemagne est inévitable, on explique la décision en la justifiant par l'environnement. Si l'on avait laissé le service militaire à deux ans en mettant en œuvre une diplomatie de rapprochement et d'entente avec l'Allemagne, on influait sur l'environnement pour justifier une décision.

– C'était peut-être impossible !

– Pourquoi avoir conclu l'entente cordiale avec l'Angleterre[87], notre ennemi héréditaire dans l'histoire ?

Et c'est ainsi que mon premier voyage au-delà de mon pays fut agrémenté d'un cours de philosophie politique que me donna mon ami Socrate, car c'est ainsi que je baptisais mon ami Edouard.

---

[87] En 1904, une série d'accords bilatéraux entre les deux pays est signée afin de faire disparaître toutes possibilités de guerre.

Chapitre 16 Outat el Haj, mai 1913.

Bizarrement, je supportais mieux la vie de garnison au Maroc qu'en France dans cette petite bourgade, située au Nord-Est du Maroc, près de l'enclave espagnole de Melilla, aux confins du Rif[88] Oriental. L'armée française l'occupait depuis plusieurs années et avait établi un poste avancé de garnison, espérant à partir de là, « pacifier » toute la région, pousser la conquête vers le Rif occidental et soumettre les tribus du coin, notamment les « Ayt Iznassen ». C'étaient des Berbères farouches, jaloux de leur indépendance et de leur culture, et qui, comme d'autres tribus, ne se soumettaient pas à l'administration française, enfin au protectorat français, comme on disait. Il faut dire que ces régions montagneuses leur permettaient de résister. Le pays avait depuis peu son résident général, le général Lyautey[89] qui à ce poste, avait pour mission de le conquérir et de l'administrer.

Socrate disait de lui, que c'était un homme complexe, à la fois conquérant, pacificateur et bâtisseur. Il soumettait petit à petit les régions, mais respectait les lois

---

[88] Signifie le bord, le rivage
[89] Nommé en 1912.

et les coutumes de ce pays, tant vis-à-vis de l'autorité du sultan du Maroc que vis-à-vis de sa religion, l'Islam[90]. Il était un peu à l'image de nombre d'officiers et de sous-officiers qui encadraient les troupes combattantes, on respectait les hommes tout en leur demandant une discipline de fer.

– Socrate, je n'arrive toujours pas à comprendre, et malgré toutes les difficultés, la mauvaise bouffe, le manque de permission, les exercices nombreux et les opérations militaires, que je supporte mieux cette vie ici, dans ce bled perdu qu'à Verdun.

– As-tu déjà remarqué la différence entre les ordres que l'on te donne ici et ceux de là-bas, Henri ?

– Ce sont les mêmes ou presque.

– Oui, mais à Verdun, que disait-on pour les justifier ?

– Rien, ou presque. On me disait que c'était le règlement.

------

[90] « Au fond, si j'ai réussi au Maroc, dans la tâche que le gouvernement de la République m'avait confiée là-bas, c'est pour les raisons mêmes qui me rendaient inutilisable en France [...] J'ai réussi au Maroc parce que je suis monarchiste et que je m'y suis trouvé en pays monarchique. Il y avait le Sultan, dont je n'ai jamais cessé de respecter et de soutenir l'autorité [...] J'étais religieux, et le Maroc est un pays religieux [...] J'ai respecté tout cela, à la fois parce que cette soumission au fait fortifiait ma propre politique et parce que mes propres convictions m'en montraient la légitimité et la noblesse » Hubert Lyautey.

– Oui, un putain de règlement, mais c'est quoi un règlement ?

– Un truc idiot, écrit par on ne sait pas qui, et pour on ne sait pas quoi.

– Cependant, pourquoi tu l'acceptes mieux ici.

– Parce qu'on me donne souvent une explication, notamment pour ne pas me faire tuer, ou pour protéger les copains.

– Obéir sans comprendre, cela suffit à certains, ils se soumettent naturellement à l'autorité, mais toi, tu ne peux l'accepter. Il te faut obligatoirement que l'autorité soit justifiée pour être en accord avec tes convictions et ton caractère. Tu n'acceptes la hiérarchie militaire que parce qu'elle est nécessaire à ta survie et à la vie des autres. C'est pourquoi, tu l'acceptes mieux ici.

J'avais même appris à tirer au canon, j'étais servant dans une batterie au côté de Socrate, et je m'en tirais pas trop mal, au propre comme au figuré. Engagé dans les opérations militaires en soutien d'artillerie, on était un peu éloigné des zones d'accrochage avec les tribus, qui nous harcelaient sans cesse. Encore que parfois, on devait faire aussi le coup de feu, notamment le jour où une bande rebelle nous avait surpris par l'arrière pour anéantir notre batterie. Cette fois-là, Socrate et moi, on ne s'était pas posé de question, on avait tiré. Et j'avais tué des hommes, pour le seul motif de sauver ma peau, ce qui était une bonne raison, et pour un motif plus obscur de conquérir la terre de ces hommes, ce qui était une mauvaise raison.

Mes capacités, que je ne soupçonnais pas, m'avaient conduit à occuper le poste de « pointeur » sur la pièce d'artillerie. Je donnais les consignes au tireur qui corrigeait les hausses. Le chargeur engageait l'obus, et les pourvoyeurs alimentaient en munition. Restait le « déboucheur », qui perçait les évents de fusée pour préparer les obus, et qui avait été dévolu à Socrate. Notre chef de pièce était le maréchal des logis Ferdinand Deltouche. Engagé volontaire, il avait fait l'école des sous-officiers. Je le respectais, il donnait les ordres avec mesure et était assez proche de son escouade, pour boire avec nous et fréquenter les mêmes bordels. Notre petite unité de servants s'entendait assez bien pour que la vie en commun ne soit pas trop pénible. Ce qui nous permit de souder les liens entre nous et de constituer un soutien collectif contre les caïds du régiment.

Car des caïds[91], il y en avait. Petite frappe pour la plupart, ils avaient su s'imposer à certains troufions par la peur qu'ils inspiraient, et pouvaient ainsi jouir de

____

[91] Au départ, cela désignait un chef de tribu nomade. Ensuite cela désigna un chef de bande.

certains privilèges. Dès l'arrivée au camp, l'un d'entre eux avait immédiatement pris à partie Socrate. Je savais qu'il n'aurait pas pu se défendre, trop réfléchi dans les actes et les conséquences. Comme je me trouvais à côté de lui, je m'avançais rapidement de quelques pas vers le « caïd » et enchaînais les coups, deux jabs[92] rapides, un direct du droit sur la tête, un crochet du gauche dans les côtes, et de nouveau le même coup bien centré sur le nez. C'était un enchaînement d'attaque pour le briser. Il s'effondra, à la grande surprise de ses sous-fifres. Cet incident avait fait du bruit dans la caserne. Premier effet, personne ne vint me chercher querelle ni à moi, ni à Socrate. Le second, je dus instruire celui-ci, à sa demande, sur le noble art. Je fus aussi chargé par le capitaine de la batterie d'organiser des séances d'entraînement de boxe pour les volontaires.

Comme nous étions dans un peloton de tir, nous avions des chevaux de selle. Ceux-ci comme ceux des attelages, étaient très robustes. Leur dressage durait des mois. Je garderai toujours le souvenir de ces pauvres bêtes, dont le regard portait la détresse causée par les tirs et les bruits de la guerre. Ils payaient un lourd tribut à

---

[92] Coup de poing direct du bras de faible amplitude, permet de garder son adversaire à distance.

nos opérations et mourraient souvent dans des conditions atroces. Pourtant, ils remplissaient leur tâche avec docilité et au sein de notre batterie, personne ne les maltraitait, comme j'avais pu le voir à Verdun. On savait que notre survie dépendait aussi de leur rapidité et de leur réflexe.

Le mien s'appelait Alcazar. C'était un cob normand[93]. Bien dressé, il savait éviter les embûches du terrain, rester près de moi lors des tirs et filait rapidement lors des mouvements de position de la batterie. J'en prenais soin, le brossant, vérifiant tous les jours ses fers, surveillant ses besoins en nourriture et en eau. Tous les soirs, après l'appel, j'allais passer un moment avec lui, dans l'écurie et lui parlais pour raconter et partager les faits marquants de notre journée. Lors de ma démobilisation, je faillis même signer un engagement de deux ans pour ne pas le perdre. Mais le retour au pays fut plus important. Parfois encore, je le regrette.

– Tu as reçu des nouvelles de ta famille, Henri ?
– Oui, de ma mère et de mon ami Victor.
Socrate et moi échangions régulièrement sur la vie de nos familles. C'est ainsi que j'appris qu'il était fiancé

----

[93] Cheval de selle et de trait.

avant son départ à l'armée, que ses parents, instituteurs tous les deux se faisaient du souci pour lui, il était fils unique.

– Tu as l'air soucieux, me dit-il ?

– As-tu remarqué que les nouvelles qui nous parviennent, nous font l'effet de nous parvenir d'un autre monde, un peu irréel. Comme si nous l'avions quitté il y a très longtemps, et que nous ne savions plus à quoi il correspond, pourtant cela fait moins de six mois que nous sommes ici.

– Nous vivons dans un autre monde, irréel par rapport à notre vie d'avant, et nos proches nous rappellent cette vie antérieure, mais pour l'instant, elle ne fait plus partie de notre univers.

– Préparez-vous, on part demain rejoindre la colonne Mangin.

Le sergent venait de nous interpeller. « Rejoindre la colonne Mangin[94] », c'était l'assurance que nous allions entrer dans de véritables combats, plus intenses, plus durs que les escarmouches que nous avions connues.

---

[94] Du nom du colonel Mangin qui partit conquérir le Maroc du Sud à la tête d'une colonne de diverses unités, dont l'artillerie et combattit les diverses tribus insoumises de 1912 à 1913.

L'année dernière, le colonel Mangin avait marché sur Marrakech, à la tête d'un corps de plusieurs milliers d'hommes. On y retrouvait des éléments de tous les bataillons, des spahis, des tirailleurs sénégalais, des marsouins, des chasseurs d'Afrique, des goumiers, des coloniaux et des artilleurs. Car Lyautey et Mangin avaient bien compris que pour lutter contre les différentes tribus marocaines et berbères, il fallait employer des armes modernes. Aussi les avions, les mitrailleuses, les automitrailleuses, et les canons de 75 étaient employés avec une efficacité redoutable. Les tribus avaient subi des pertes énormes, mais l'armée française en avait subi aussi, et des renforts devaient sans cesse parvenir à la colonne, pour entamer la dernière partie de la mission de « pacification » que lui avait ordonnée Lyautey.

Le début de la campagne avait démarré par la prise de la ville de Marrakech. Un prétendant au sultanat du Maroc Ahmed El Hiba, originaire de la partie Occidentale, commandait les tribus berbères, assez éloignées des pratiques religieuses des marocains. Il combattait les étrangers que nous étions avec acharnement. Mangin avait délivré la ville, et avec elle, les Français prisonniers et rétabli les cheiks et caïds qui nous étaient restés fidèles.

Ensuite Mangin avait poursuivi la mission à travers les régions du Sud pour battre toutes les tribus restées hostiles. Nous partions donc pour renforcer la colonne d'une batterie de campagne. Nous partions pour Boujad[95]. À partir de cette ville, la mission était de combattre les tribus Aït Roboa[96] et de poursuivre le chef El Hiba qui s'est réfugié dans la région avec ses Glaoua[97]. Le lendemain nous étions en route avec toute la batterie vers notre destination, avec en support une compagnie de Spahis.

— Ils ont fière allure, me dit Socrate.

— Vois-tu ces habitants qui nous regardent. Ils semblent plutôt curieux, pas hostiles. Cela m'a toujours étonné. On est quand même en train d'envahir leur pays.

— N'oublie pas que c'est un pays profondément « royaliste » et « religieux ».

— Et ?

— Ils ont leurs chefs, les « Caïds », l'équivalent de nos seigneurs féodaux, eux-mêmes sous l'autorité des cheiks, l'équivalent de nos princes de sang, eux-mêmes sous l'autorité du sultanat. Or le sultan actuel a reconnu la

---

[95] Bejaâd, en arabe, ville spirituelle et religieuse dans la région au sud de Casablanca.
[96] Peuplade berbère et arabe.
[97] Peuplade Berbère de l'Atlas.

France comme son défenseur pour garder son pouvoir royal. Et toute l'intelligence de Lyautey a été de le renforcer pour asseoir son autorité et par là même, l'influence de la France. Mais gare, si le sultan est soupçonné par les tribus de ne pas respecter les principes du Coran et d'être trop sous l'influence des Européens, le « djihad » est proche et les révoltes seront nombreuses.

– Il est vrai que l'influence du religieux est importante.

– C'est le ciment de ce pays, sa force et sa faiblesse. Sa force, car elle permet de réunir, rassembler toutes les tribus et aller au delà de leur influence. C'est aussi sa faiblesse, car le Coran accepte dans le principe la soumission à celui qui t'a vaincu. Mais il ne faut pas se tromper, on ne soumettra jamais l'âme de ce pays.

Nous traversions au cours de notre marche des paysages complètement différents. Des vallées parfois très vertes, cultivées de champs de blé, bordées de petits ruisseaux qui donnaient l'impression de richesse et d'abondance. Des montagnes désertiques, uniquement plantées de petits arbrisseaux squelettiques et de cailloux laissaient l'image de la désolation et de la pauvreté. Ce pays semblait contenir en lui seul, toutes les facettes du monde. Même le climat était un concentré de toute la palette des températures de la terre, chaud dans la journée, froid la nuit, humide dans certains vallons, sec pour la plupart des montagnes. J'aimais ce pays et j'aimais ces habitants. C'était un peuple fier, courageux et loyal.

Notre objectif était de rejoindre la région de la ville de Kasba Tadla, où se déroulaient encore des combats entre la colonne Mangin et les tribus berbères. De notre camp de casernement, cela faisait près de trois cents kilomètres, mais notre colonne les parcourut sans rencontrer de résistance sérieuse.

Arrivée près de la région où nous devions rejoindre le gros de la troupe du colonel Mangin, la situation changea. Nous essuyâmes des tirs nombreux et des embuscades de Harka[98] nous obligeaient à rester constamment sur nos gardes. Il fallait protéger les chevaux, le matériel et les canons. Nous avions l'ordre de prendre position sur une hauteur dans la région et d'attendre.

De celle-ci, nous voyions au loin des tribus marocaines hostiles se mettre en ordre de bataille et attendre nos troupes. Nous avions devant nous une véritable armée, forte de plusieurs milliers d'hommes, fantassins et cavaliers mélangés. Des fanions étaient

---

[98] Milice locale, très mobile.

déployés. L'ordre régnait et les unités étaient constituées et disposées avec précision. Ils étaient en nombre supérieur, et nous impressionnaient.

Mais je savais bien que ce qui ferait la différence, c'était notre artillerie. L'ordre fut donné. Les tirs de notre batterie furent continus et rapides. La précision de nos tirs était importante. On pouvait apercevoir les traînées sanglantes que ceux-ci provoquaient dans les rangs adverses, hommes et chevaux confondus. Notre tir s'intensifia encore, provoquant une panique chez les marocains. C'est à ce moment-là, que notre cavalerie prit le relais et enfonça sur les rangs ennemis. Deux heures plus tard, tout était fini.

On nous donna l'ordre de quitter notre position et de rejoindre le carré en attendant de nouveaux ordres.

Je venais de connaître ma première opération militaire d'envergure. J'avais fait mon travail, sans trop réfléchir. À cause de la précision de nos tirs, notre batterie fut félicitée par Mangin lui-même. Dans les semaines qui suivirent, notre action consista à se déplacer dans divers villages de la région et soumettre les tribus qui nous restaient hostiles et dont le nombre diminuait jour après jour. Mais que pouvaient-elles faire ? Pas d'artillerie, ou très peu, pas de mitrailleuses, nous étions de plus en plus appuyés par notre aviation qui nous renseignait sur les positions ennemies. Le combat était inégal.

Deux mois plus tard, l'action prit fin. La colonne Mangin avait terminé le travail, les régions étaient pacifiées et les tribus soumises. Les nouveaux caïds étaient nommés par l'armée française en fonction de leur allégeance au sultan et parce qu'ils étaient favorables à la France, du moins en apparence.

— Je crains que nous ayons avec notre action, poussé les tribus à inventer une autre forme de guerre par la suite, me dit un jour Socrate.

— Que veux-tu dire ?

— Les tribus nous ont combattus comme ils le font depuis des centaines d'années, en rassemblant le plus possible d'hommes et de cavaliers dans des combats ouverts, mais notre puissance de feu les a détruits. Ils ne se risqueront plus à ce genre de guerre, elle prendra donc autre forme.

— Je vois ce que tu veux dire, des accrochages nombreux avec une mobilité importante, des attaques éclairs avec peu d'hommes et de moyens, ensuite ils disparaîtront dans la nature.

— Oui, et le pays le permet. On ne contrôlera plus que les villes importantes, et puis, un jour, notre armée partira[99].

– Je compte partir avant. Dans moins de six mois, je serai libérable. Je me tiens tranquille et adieu la vie militaire. Je retrouverai les miens et la vie civile.

– Que vas-tu faire ?

– Essayez de devenir journaliste, et si tout va bien, j'écrirai un livre sur ce pays et sur son peuple. Je serai peut-être un jour, correspondant pour un journal, ici au Maroc.

– J'espère que tu réussiras.

– On verra, entre le rêve et la réalité, il y a parfois un monde d'écart.

---

[99] Cela arriva dix ans plus tard par la « guerre du Rif », soulèvement de plusieurs tribus sous le commandement du leader Abdelkrim El Khattabi qui forma avec d'autres, la République des états du Rif. La guérilla battit les espagnols à plusieurs reprises. L'utilisation d'armes chimiques par ceux-ci à partir de 1925 mit fin à la résistance. Elle inspira Raoul Castro et Che Guevara pour Cuba, et sera importée dans de nombreux pays soumis à la colonisation.

Chapitre 17 Casablanca, janvier 1914.

Enfin, c'était fini, ces deux ans de ma vie sous les drapeaux. J'avais échappé au service militaire de trois ans qui avait été voté l'année dernière. Devant le vent de fronde de nombreuses casernes, l'autorité militaire avait décidé que la durée ne s'appliquait qu'aux nouveaux incorporés. J'avais été promu soldat de première classe et obtenu un certificat de bonne conduite. J'espérais sincèrement que cela suffirait pour ne plus être surveillé par la police politique. Promis, j'allais me tenir tranquille, mener une vie normale, trouver du travail, et peut-être fonder une famille, j'avais 24 ans. Comme j'attendais, avec de nombreux « libérables » le bateau qui devait nous ramener au pays, je bénéficiais d'une liberté assez grande et de permissions renouvelables tous les jours. Je devais juste rentrer à la caserne pour l'appel du soir.

J'en profitai pour visiter la ville, sa kasbah, et ses nombreux souks. Inutile de vous mentir, je fréquentais aussi les bordels de la ville, comme tout bon soldat. Le luxe de certains me changeait des bordels militaires de campagne que nous procurait l'armée[100].

Dans ces lieux, tenus par des matrones, et qu'on appelait souvent « bartrones », se produisaient les « chiquâtes », moitiés prostituées, moitié danseuses et chanteuses. Elles étaient conduites par le maître de la troupe musicale. Les spectacles ainsi donnés, loin de débordements sexuels, étaient des soirées musicales où toute la spiritualité de l'âme marocaine et berbère pouvait s'exprimer. Ces lieux étaient interdits aux marocains musulmans, et toute la clientèle était européenne, dont une majorité militaire. Je fréquentais assidûment l'un d'entre eux, appelé « Au bonheur-du-jour ». La patronne, Madame Andrée, était célèbre dans la ville et me prit en amitié.

– Henri, tu me dis que tu as déjà écrit des articles dans les journaux, tu as aussi été écrivain public !

– C'est exact Madame Andrée.

– Quand rentres-tu en métropole ?

– Le bateau doit nous emmener vers la fin janvier.

– Peux-tu durant ces trois semaines écrire un livre à partir de mes souvenirs ?

---

[100] Institué lors de l'invasion de l'Algérie en 1830, surveillé et réglementé par la hiérarchie militaire, cela perdura jusqu'en 1995, où le dernier BMC de la légion fut fermé en Guyane. Entre les deux guerres, toutes les villes de garnison en France, avaient son BMC.

– Impossible, il faut des mois, par contre je peux prendre note de ceux-ci et ensuite les rédiger plus tard, mais cela demande du travail et surtout des entretiens où vous devez me raconter votre vie.

– Tope là, Henri, je te donnerai 500 francs pour le travail, 250 maintenant et le reste quand tu m'enverras le livre.

– Un seul livre ? Vous ne comptez pas le publier ?

– Non, c'est juste pour moi, et pour ma famille qui le lira plus tard, quand je serai enterrée.

Je la vis presque tous les jours durant ces trois semaines. Je peux, non pas vous citer toutes ses mémoires, mais au moins vous faire part de certains épisodes de sa vie. Car celle-ci m'avait passionné. Bien sûr, je vais changer les noms et les lieux pour la tranquillité de certaines personnes encore en vie, et qui ne seraient pas très fières vis-à-vis de leurs familles d'avoir connu Madame Andrée.

Elle était née en 1870, année terrible pour la France, dans la région parisienne. Son père ouvrier ébéniste et sa mère, femme au foyer l'avaient élevée dans un climat heureux. Sa véritable aventure avait commencé à quinze ans. Son père était mort de la variole, La mère et la fille, elle était fille unique, n'avaient pas contracté la maladie. Évidemment, comme les ressources manquaient, elle avait dû travailler et se retrouva servante dans une ferme de la Seine et Oise[101], près d'Etampes. Les conditions de vie de ces forçats agricoles étaient épouvantables. Travaillant du matin au soir, sans être bien payés, souvent à la merci de ces culs-terreux de gros propriétaires, ils vivaient misérablement. Sauf que Madame Andrée avait une arme dont elle se servit rapidement. Elle était jolie, une taille assez haute, une stature faite de maintien, des yeux noirs en amandes, un teint bistre, une croupe avantageuse, une poitrine bien faite. Elle comprit vite que les hommes se retournaient sur son passage. Le patron de la ferme, gros paysan inculte et près de ses sous, avait, d'après elle, une faiblesse, les femmes. Il faut dire, en l'écoutant que son épouse n'était pas du genre « prix de beauté du canton », et que ce monsieur effeuillait les servantes, domestiques et autres demoiselles des campagnes avoisinantes comme d'autres les marguerites.

Madame Andrée, enfin à l'époque Mademoiselle Henriette résista longtemps aux ardeurs de son patron, malgré toutes les menaces et tentatives. Et puis un jour… Mais je vais la laisser parler :

---

[101] Ancien département français supprimé en 1968.

« – *Tu comprends, Henri, je savais que je ne résisterais plus longtemps, il devenait pressant, sournois aussi, alors j'eus une idée, j'allais me faire payer, ou plus exactement j'allais lui faire payer mes services, l'atteindre là où cela lui faisait mal, le portefeuille. Je vengerais ainsi ce qu'il avait fait subir à d'autres, en plus cela rapporterait de l'argent pour ma mère. Je lui dis que s'il voulait coucher avec moi, très bien mais il devait me donner de l'argent. Au début, il partit furieux, et me laissa tranquille quelques jours. Je lui avais aussi précisé que s'il essayait de me prendre de force, j'irais me confesser au curé du village, et que ma confession pourrait aussi être faite au maire de la commune, aux gendarmes, à sa femme, à ses enfants, et à la seule personne qu'il respectait vraiment, sa mère, encore vivante, qui habitait à la ferme et le traitait comme s'il avait encore dix ans.*

Au bout de quelques jours, il revint me voir et me donna l'argent que je réclamais, six mois de gage, comme il ne me payait pas depuis six mois, c'était justice. Inutile de te décrire cette triste expérience de mon premier amant. J'appris cependant une chose. Je ne lui montrais aucune peur, aucune honte, je restais passive durant les ébats et il me sembla qu'il restait insatisfait, comme si, ne m'ayant pas soumise, son plaisir était moindre. Je compris par la suite qu'il ne pouvait vraiment en avoir qu'en ayant une partenaire soumise et apeurée. Il ne revint pas me voir pendant quelque temps, puis un soir il arriva dans la petite grange que l'on m'avait attribuée pour me loger. Il voulait recommencer, je lui réclamais la même somme, et à ma grande surprise, il sortit cet argent de sa poche. J'avais compris ce jour-là, qu'il était soumis et crois-moi, j'en ai profité ».

Je crois deviner ce que vous vous dites, pas très moral tout cela. Eh bien, au risque de vous décevoir chers lecteurs, et malgré la bonne morale que l'on doit enseigner et pratiquer tout au long de sa vie, moi, je trouvais cette attitude de Madame Andrée parfaitement correcte et je dirais même courageuse.

Durant une année, elle amassa un petit pécule, d'autant plus que le fils aîné du paysan, travaillé par son adolescence fut aussi son client, elle me dit que la première fois elle ne le fit pas payer. Elle le fit pour les passes suivantes, à un tarif moindre que ceux du père. Ayant amassé un petit pécule, elle partit ensuite pour Versailles.

« –Je me disais que quitte à faire la pute, autant que cela soit sous l'égide de la République, et c'est ainsi que

je fus « embauchée » dans le bordel militaire de Versailles, où stationnaient des régiments du génie et de l'artillerie. Je signais donc mon premier contrat de deux ans avec l'armée. Tout était réglementé, le tarif, le montant de la passe, les visites médicales, le nombre d'heures travaillées, les horaires pour les hommes de troupe, les sous-officiers et les officiers. Car à l'armée, les grades ne se mélangent pas pour baiser. J'avais même droit à des permissions, enfin à des moments de repos[102]. Le médecin-major qui m'embaucha, n'était pas insensible à ma beauté, aussi je négociais avec lui dans mon contrat le fait que je ne pratiquais mon métier que pour les gradés. Oh, ce n'était pas de ma part une volonté de faire la « bégueule », mais je pensais que cela me permettrait de me faire plus de relations et de pouvoir un jour, monter mon propre commerce. »

Et c'est ainsi que durant six ans, car elle renouvela son contrat deux fois, elle fut « auxiliaire » de l'armée française et inscrite aux effectifs. Elle prit son nom de Madame Andrée suite à une relation très suivie qu'elle avait eue avec un colonel du même nom. Les officiers subalternes de la caserne la saluaient par ce nom, et par

---

[102] Authentique

déférence envers la protégée de leur « colon ». Puis, elle partit pour le Tonkin dans les bagages du « colon».

– Quel pays merveilleux Henri, j'ai vu et côtoyé des mandarins, des troupes de théâtre, des fumeurs d'opium, des prêtresses des trois mondes[103], des bonzes, des notables et des lettrés. J'ai voyagé dans la baie D'Halong, dans les régions de Na-Cham, Tan-Dao, d'Hanoi. J'ai finalement habité à Saigon où, grâce à mes économies, j'avais ouvert une maison close. J'avais parmi les filles, presque toutes les nationalités de l'Asie, annamites, chinoises, japonaises, thaï, et à la fin même quelques européennes. Je menais mon commerce avec soin, dignité et douceur, même s'il fallait que je fasse respecter la discipline tant chez les filles que chez les clients. J'avais deux Sénégalais pour ce travail. Je voyais défiler les plus grands dignitaires et mandarins du pays, mais aussi les officiers d'état-major de l'armée française, les maires, préfets, gouverneurs et autres sommités de la colonie. Même l'évêque d'Hanoi faisait partie de ma clientèle.

– L'évêque ?

– Oui, il me disait qu'il venait pour convertir ces dames, et confessait celles qui le voulaient. Un jour où il

---

[103] Secte religieuse de la région, proche du chamanisme.

devait travailler énormément aux travaux de la confession, il a eu un malaise. Faut dire qu'il « essayait » de « convertir » plusieurs dames à la fois. Le cœur a eu une faiblesse.

– Et ?

–Heureusement, il y avait un médecin dans la clientèle, ce jour-là. Il a réussi à le sauver. Un vrai miracle, j'ai donc pris la décision de changer le nom de mon établissement, avant il s'appelait « Les délices du Tonkin », après ce fut « Les délices de la conversion ».

– Joli nom !

–Oui, cela m'attira une clientèle plus nombreuse, faite de fonctionnaires et de politiques, on peut dire que mon établissement avait été sanctifié par la religion. »

Elle m'expliqua ensuite sa vie là-bas dans cette contrée lointaine durant les dix ans où elle y séjourna. Elle en gardait un souvenir ému.

– Pourquoi avoir quitté ce pays ?

– Les révoltes nombreuses, j'ai eu peur un moment donné, j'ai tout vendu et j'ai pris le bateau pour rejoindre la métropole. Mais je ne savais pas quoi faire et je ne me sentais plus à l'aise en France métropolitaine. Je pris la direction de L'Afrique du Nord sur les conseils d'un général que j'ai connu à Paris, et puis j'ai ouvert cet établissement, à partir de 1910. Ce

n'est pas le luxe de ma maison close du Tonkin, mais je m'y sens plus en sécurité ici, à Casablanca. Et j'ai appris à aimer cette ville et ce pays. J'ai établi une réputation de maison bien tenue. Mes filles sont propres, cultivées et bien portantes, j'y veille.

– Des anecdotes ?

– Oh, oui et nombreuses. »

Et elle me les raconta. Celle que je peux vous conter, est la suivante. Un jour le gouverneur de la région, brillant politicien français, vint la voir pour un repas qu'il voulait organiser avec des danseuses. Une délégation de députés français venait voir les bienfaits de la pacification et de la protection de la mère patrie pour le Maroc. Ils devaient séjourner plusieurs jours dans la ville, où un important programme de visites, de discussions et de rencontres devait avoir lieu.

« – Évidemment, j'avais tout prévu, sauf le fait qu'ils voulaient absolument prendre pension dans mon établissement, et de ne plus séjourner dans la villa du gouverneur. Et c'est ainsi que ma maison devint durant plusieurs jours la tribune de discours politiques nombreux sur les bienfaits innombrables de la République française, mais qui bonne fille, savait tenir compte et même devait adopter les us et coutumes de nos colonies, enfin c'était leur opinion. Je pense qu'elle était

aussi la conséquence de l'hospitalité de mes filles envers ces messieurs du corps parlementaire. »

Je notais tous les souvenirs de Madame Andrée jusqu'à la veille de mon départ. Elle m'embrassa tendrement et me dit de faire attention à moi. Je la quittai un brin nostalgique. J'avais entendu durant plusieurs semaines se dérouler une vie et j'en étais dépositaire pour la restituer le plus fidèlement possible dans une biographie.

Bizarrement, je n'avais aucune appréhension pour le voyage en bateau, d'abord parce que le temps avait fait son œuvre depuis le précédent et les souvenirs de mon mal de mer s'étaient estompés. Mais aussi parce que cette année passée à combattre m'avait permis de classer les événements dans une échelle de valeurs différente. N'ayant donc aucune crainte, tout se passa très bien et je profitais ainsi des multiples paysages de la traversée.

Chapitre 18 Roubaix, février 1914.

J'étais de retour parmi les miens. Mon père était mort. Je n'avais pas pu être prévenu, cela s'était passé durant mon séjour à Casablanca. Ma famille ne possédait pas l'adresse de mon casernement. De toute façon cela n'aurait rien changé. Je n'aurais pas pu assister à l'enterrement. Il avait continué à décliner les derniers mois. Ma mère me précisa que j'aurais eu de la difficulté à le reconnaître. Il s'était éteint, las de la vie, la tête pleine des souvenirs de sa jeunesse, des personnes qu'il avait connues, qui avaient comptées et qui n'étaient plus. Ma mère était très affectée par sa disparition. Elle semblait avoir vieilli de dix ans. Son regard était perdu dans les images qu'elle conservait de son mari. Sa vie devait aussi défiler lentement devant ses yeux. Elle avait de fréquents moments d'absence.

Heureusement, ma famille l'entourait. La mort du père avait réuni les enfants les plus éloignés, mes sœurs et mon frère Jules l'entouraient de toute leur affection. Même Alexandre venait la voir régulièrement. Les petits enfants étaient les seules personnes qui lui redonnaient une ardeur et un regain de vie. J'avais décidé de rester à la maison, toujours la même, qu'elle occupait avec Jules. D'une certaine façon, cela lui faisait du bien de s'occuper d'une autre personne, même s'il fallait souvent l'aider aux tâches ménagères, la force lui manquait.

Je me tins éloigné des estaminets, des syndicats, des activités diverses qui m'avaient values dans le passé des condamnations et des déboires. Ma route était tracée, en tout cas pour moi, je devais devenir journaliste. J'avais avec plaisir retrouvé Octavie et Victor, qui me dit qu'il allait m'aider. Mon filleul Joseph, qui allait sur ses cinq ans, était dans une forme splendide. Je passais beaucoup de temps avec lui et je lui racontais les anecdotes de ma vie au Maroc, enfin celles qu'il pouvait entendre.

— Je t'ai décroché un emploi dans le Journal de Roubaix. Je pense que cela ne sera pas celui de tes rêves, mais cela te permettra de faire tes premières armes. Tu tiendras la rubrique des faits divers, crois-moi on y apprend son métier, comment rendre intéressant, inquiétant, passionnant, un sordide fait divers sans sombrer dans le scandale et la démesure. Tu es pris à l'essai durant deux mois, si ça marche, il t'embauche comme journaliste, et tu auras ta carte de presse. Tu dois écrire trois articles par semaine, viens on part voir le rédacteur en chef.

Et c'est ainsi que je me retrouvais à la rubrique des faits divers dans ce journal. Je pris le pseudonyme d'« Henri B. », pour signer mes articles. Il fallait choisir mes sujets, en rapport bien sûr avec la région de Roubaix-Tourcoing, pouvoir suggérer le fait dramatique mais sans le décrire précisément, tirer la morale de l'histoire, replacer le fait dans le contexte local, expliquer les origines, souligner les conséquences et bien sûr, écrire avec un style qui attirait le lecteur.

Mon premier article fut publié le 14 février. C'était un fait divers anodin, presque banal, mais je le traitai en sujet de société, tant pour la victime que pour l'accusé. Je remis l'article le jour même et il fut publié en page 4 du journal, juste avant les réclames, au sein de la rubrique « A travers Roubaix-Tourcoing ».

« *Vol dans une épicerie à Roubaix* ».

C'est une triste histoire qui vient de se dérouler dans le quartier du Pile[104], *à Roubaix. L'épicerie de Madame Dutrenoy se situe près du boulevard Beaurepaire, à proximité des maisons ouvrières et des courées qui occupent ce sympathique quartier de Roubaix. Cette dame, figure locale connue de tous et appréciée par ses clients, a ouvert son commerce depuis plus de vingt ans. Au décès de son mari, elle a continué son métier de commerçante au grand soulagement de ses voisins qui*

---

[104] Quartier ouvrier qui s'était développé autour d'une usine de teinturerie.

arrivent ainsi à trouver les denrées alimentaires nécessaires à la vie quotidienne. Mais cette dame a connu un drame jeudi dernier, qui l'a profondément bouleversée. Profitant d'un moment d'inattention de cette dame, un jeune homme en a profité pour lui dérober des paquets de tapioca et de café en grains. Quittant en courant le commerce, il a bousculé au passage deux autres clients qui attendaient leur tour. Après le dépôt de plainte au poste de police le plus proche, une patrouille de nos valeureux policiers de la ville a fait une ronde deux jours plus tard au marché du quartier qui se tient tous les samedis place Carnot. Leur flair a permis de repérer un jeune homme vendant des paquets de café en grain et de tapioca. Faisant rapidement le lien avec le vol précédent, ils ont arrêté notre suspect qui s'est retrouvé être bien le voleur du boulevard Beaurepaire. Notre commerçante a donc retrouvé un peu de sa marchandise. Malheureusement, l'indélicat personnage avait déjà écoulé une partie de celle-ci. Emmené au poste, il a déclaré que sa famille était au chômage, et que cet argent leur aurait permis de manger à leur faim. Émue par ce drame social, notre sympathique commerçante a retiré sa plainte, ne voulant pas aggraver la situation de la famille. Le jeune homme a donc retrouvé la liberté après avoir présenté ses excuses à Madame Dutrenoy et lui avoir promis de ne

Je n'avais pas dévoilé dans le journal, que cette idée de retirer la plainte était la mienne. J'avais rendu visite à l'épicière pour l'interroger et lui avais vendu l'idée, en lui indiquant qu'en contrepartie j'allais lui faire de la réclame dans le journal. Ce qui lui attirerait des clients et une augmentation de ses ventes. Pourquoi, avais-je fait cela ? Oh, c'est simple. J'avais tenu à voir le détenu dans sa cellule du poste de police. On m'avait interdit de lui parler, mais j'avais réussi à le voir à travers les barreaux, pour mieux le décrire. Le désespoir visible de ce jeune homme, pas encore adulte m'avait ému. En contrepartie, j'avais assuré au commissaire que je louerais les mérites de la police. Je m'aperçus à cette occasion qu'un journaliste pouvait « obtenir » de nombreux privilèges en fonction de la teneur de son article. Aussi j'avais imaginé cette astuce, pour le faire libérer, en espérant qu'il ne recommencerait pas. C'est ainsi que je compris qu'un journaliste avait les moyens d'influer sur le cours des événements.

– Henri, vous allez couvrir l'affaire !

– Monsieur le rédacteur en chef, il est déjà couvert par notre correspondant à Paris.

– Oui, mais j'aime bien votre façon de présenter les événements et de les analyser, aussi vous n'allez pas les décrire, c'est le boulot d'Albert à Paris. Mais vous allez écrire sur le « pourquoi » de ce drame et les conclusions que la presse doit en tirer.

– Pas de problème, je me mets au travail, le premier, vous l'avez pour ce soir !

– Comment ça le premier, je vous ai demandé un article, pas plusieurs.

– Mais, Monsieur, si le journal reçoit des courriers des lecteurs, il faudra y répondre et poursuivre l'analyse dans le journal.

Et c'est comme cela, que je vendis l'idée d'une suite, tout en étant très fier d'avoir été choisi pour « couvrir » l'événement. De plus, cela me permettait de traiter un sujet non sur la forme mais sur le fond. Le problème était de construire l'article pour pouvoir « susciter » les réponses des lecteurs. Et j'avais peu de temps pour le faire. Je pris les journaux parisiens « Le Petit Journal », « Le Petit Parisien », et bien sûr « Le Figaro » pour m'informer des faits.

Je les classais ensuite pour bien comprendre l'affaire. Le fond était simple. Le ministre des finances Joseph Caillaux subissait depuis plusieurs mois une campagne de diffamation sans précédent de la part du Figaro sous l'impulsion de son directeur Gaston Calmette. Son épouse Mme Caillaux, lassée par cette campagne de diffamation, avait tué Gaston Calmette dans le bureau de son journal, cinq balles à bout portant, on peut dire que ce n'était pas un accident malencontreux.

L'attaque du journal et de son directeur avait porté dans un premier temps sur la politique du ministre. Calmette voulait prouver que dans le traité de Fès, signé en 1911 entre la France et l'Allemagne, Joseph Caillaux, Président du conseil à l'époque, avait « trahi » son pays. Dans les faits, la guerre entre les deux pays avait été éloignée de par cette signature de compromis et de partage de la zone d'influence des deux pays sur l'Afrique. La France avait le champ libre au Maroc et l'Allemagne sur une partie de l'Afrique centrale. De plus, il me semblait qu'à l'époque, Caillaux avait manipulé l'effondrement de la Bourse de Berlin[105] ce qui avait fait reculer l'Allemagne de se lancer dans une guerre. Dans un second temps, Calmette avait mis en cause l'honnêteté de Caillaux et l'accusait d'avoir touché de l'argent pour ses campagnes électorales, notamment du Comptoir National d'Escompte. Mais quel homme

---

[105] Caillaux s'en vante dans ses mémoires. « Mes mémoires » 1942, édition Plon.

politique ne touchait pas d'argent pour ses campagnes ?
Et puis, les attaques avaient pris une tournure plus
personnelle, plus intime. Calmette avait publié les
derniers temps une correspondance sécrète entre le
ministre et sa maîtresse, devenu par la suite son épouse.
Bref, on était passé de l'affrontement politique, Calmette
en bon conservateur, n'admettait pas la réforme à venir
de l'impôt sur le revenu[106] et de l'impôt sur la fortune[107]
que voulait faire voter Caillaux, à la guerre de caniveau.
On suggérait que Calmette avait payé une domestique
pour dérober cette correspondance et on se posait même
la question de savoir quelle était la raison qui avait
poussé ce directeur de journal, jusque-là mondain et
affable, à dénigrer de cette façon un ministre du parti
radical.

Les journaux de la veille que j'avais lus, ne
reprenaient que les faits : comment le drame s'était
passé, qu'avait fait Madame Caillaux avant, pendant et
après celui-ci, comment avait réagi le ministre, pourquoi
il avait donné sa démission, et bien sûr pourquoi cette
dame avait tué le journaliste. Tous les journaux étant
d'accord pour préciser que la campagne de diffamation

[106] Adopté le 7 juillet 1914.
[107] La loi ne sera pas votée.

lui était intolérable et qu'elle s'était résolue à cette extrémité pour la faire cesser.

À l'exception du Petit Journal, qui s'était posé la question du pourquoi de cette campagne diffamatoire, aucun autre quotidien ne s'était posé des questions. Quel avait été le ressort de l'acharnement de Calmette ? Quel élément l'avait amené à « haïr » aussi profondément ce ministre, au-delà des désaccords avec la politique de gauche et la lutte contre le Parti Radical, que Calmette menait depuis des années ?

Il l'avait même traité de « ploutocrate démagogue », et avait abandonné toute rigueur journalistique. Ce qui, pourtant, avait été sa marque de fabrique depuis de nombreuses années. Il en était arrivé à déformer les faits ou à les présenter sans vérification.

Dans l'une de ces accusations, dite affaire Priou, il avait affirmé que Caillaux avait promis aux héritiers de cet homme d'affaires une indemnisation de huit millions de francs[108]. Ce monsieur Priou avant sa mort, avait fait des placements malheureux en Amérique Latine, et ses héritiers réclamaient, par voie de justice, des dommages et intérêts à l'État français pour sa responsabilité sur les

---

[108] Soit environ 28 millions d'euros.

décisions hasardeuses de leur parent. Calmette avait donc insinué que Caillaux aurait promis aux héritiers d'influer sur une décision de justice et qu'en contrepartie il toucherait les trois quarts de cet argent. Calmette n'avait pas apporté l'ombre d'une preuve et s'était même trompé sur le nom de cet homme d'affaires décédé, puisqu'il s'appelait en réalité Prieu.

Quant au Figaro dans son édition du jour, il tirait à boulets rouges sur Caillaux et sa femme, sans rien apporter de précis, même les faits semblaient déformés par la douleur de ses journalistes, puisqu'ils écrivaient « *Nous avons perdu le chef le plus noble et le plus tendre, le maître et le compagnon de tous nos efforts et de toutes nos pensées. Il est tombé vaillamment dans la lutte la plus loyale et la plus hardie, à laquelle un écrivain patriote ait voué sa bravoure et son talent* ». Le mot « patriote » me semblait hors de propos. Est-ce à dire que le ministre n'en était pas un ?

De la salle de rédaction, je téléphonais à mon ami Victor. Je me louais de nouveau sur cette invention fantastique qui permettait de joindre une personne rapidement. Victor, très vite s'était fait installer le téléphone à son domicile, et j'étais sûr de le trouver durant l'heure du repas de midi. Je décrochais l'appareil et demandais à l'opératrice[109] de me mettre en correspondance avec le numéro de mon ami.

– Allô, Victor, bonjour, c'est Henri.

– Bonjour ! Tu t'es mis à utiliser les nouvelles inventions. Je parie que tu me téléphones de ton journal.

– Gagné ! L'affaire Caillaux qu'en penses-tu ?

– L'assassinat de Calmette, c'est la conséquence de cette infâme campagne de presse qu'il a menée.

– Pourquoi ?

– Quoi, pourquoi ?

– Pourquoi a-t-il mené cette campagne aussi virulente ?

– Divergence profonde avec le ministre sur sa politique de gauche et sur cette loi de l'impôt sur le revenu.

– Mais pourquoi lui, il aurait pu s'en prendre au Président du Conseil Doumergue qui orchestre cette loi et tout aussi « à gauche » que son ministre. Au lieu de s'attaquer au chef, il s'attaque à l'un des ministres.

– Oui, tu as raison, c'est bizarre, finalement.

– Tu te souviens de quand date le début de cette campagne contre Caillaux dans les colonnes du Figaro ?

---

[109] A cette époque le téléphone est complètement manuel. Le fait de décrocher fait tomber un volet au central ou une opératrice prend l'appel et met en relation avec le correspondant.

– Dès sa nomination comme ministre en décembre 1913. Je me souviens que deux jours plus tard, en première page du Figaro, un article sur le roi d'Espagne qu'il aurait gravement offensé, puis un autre sur sa politique en matière d'emprunt, puis sur les promesses électorales qu'il aurait faites à Jaurès, et tout le reste. C'est Calmette qui signait tous les articles. Après c'est devenu de l'acharnement.

Après notre communication téléphonique, je me précipitai aux archives du journal et consultai les numéros du Figaro et du Rappel, dans lequel Caillaux répondait aux attaques, puis aux calomnies de Calmette. Mais je ne trouvai rien de précis, sauf un élément cité dans le Rappel et qui rapportait une phrase de Calmette à l'un de ses proches : « *C'est la première fois, depuis mes trente années de journalisme, que je publie une lettre privée, et intime, et ce malgré la volonté de son détenteur, de son propriétaire ou de son auteur.* ». Cela confirmait mes soupçons. Qu'est ce qui avait poussé le directeur du Figaro à utiliser des pratiques qu'il abhorrait ? Quel était le puissant moteur de haine, de vengeance ou de toute autre raison qui l'avait poussé à de telles extrémités. Je n'avais plus de temps à poursuivre mon enquête pour l'instant, il fallait que je sorte l'article.

« *Liberté de la presse ou respect de la vie privée ?*

Nos lecteurs ont appris depuis quelques jours le drame qui s'est déroulé dans les locaux du journal parisien le Figaro. Madame Caillaux, femme du ministre des finances du Gouvernement Doumergue, a tiré à bout portant cinq balles qui ont blessé gravement le Directeur Gérant du journal, Monsieur Gaston Calmette. Il est décédé quelques heures plus tard à l'hôpital. Madame Caillaux actuellement en prison a reconnu les faits et a déclaré qu'elle, je cite, « voulait donner une leçon à ce Monsieur ». Nos lecteurs n'ignorent pas non plus les raisons invoquées par Madame Caillaux à commettre ce qu'on peut dénommer un assassinat. La campagne de discrédit que menait Monsieur Calmette contre la politique de son mari, puis la publication de lettres privées des époux, dérobées par une domestique, l'ont certainement conduite à attenter à la vie de Monsieur Calmette.

Mais que pouvons-nous tirer comme conclusion de ce drame, en tant que lecteur, en tant que citoyen. Un journal a-t-il le droit de publier des lettres privées, sans l'accord explicite de son auteur, pour appuyer l'affaire ou l'opinion qu'il entend défendre ou dévoiler ? Peut-il de par les raisons de la cause publique, du fait journalistique, de l'événement public, dévoiler des informations privées entre deux personnes ? Oui, diront certains, puisqu'elles donnent des compléments sur une affaire que doivent connaître les lecteurs ! Non, diront d'autres, puisqu'elles ne sont que les dires non vérifiés d'une personne envers une autre et ne doivent pas être publiées ! Et vous chers lecteurs, qu'en pensez-vous ? Car le journaliste écrit pour vous, vous êtes les principaux concernés. À vous la parole ! Écrivez-nous pour nous faire part de votre opinion.

Henri B. »

Je vendis l'article au patron sans problème et il fut publié dans le journal le lendemain, à côté même de la colonne de notre correspondant qui décrivait les nouveaux éléments sur cet assassinat, et comme tous les journalistes qui n'avaient plus grand-chose à dire, il décrivit ce qu'avait mangé Madame Caillaux détenue à la prison Saint Lazare, une entrecôte grillée, accompagnée d'une purée de pomme de terre et une bouteille d'eau minérale[110].

– Et les suites de ton article sur l'affaire Caillaux, me dit Victor ?

------

[110] Authentique, nos chaînes d'information en continu n'ont rien inventé de neuf dans le métier. Les journaux de l'époque apportaient des détails repris par tous et qui n'apportaient aucun élément important dans une affaire.

– Énorme, des centaines de courriers nous sont parvenus depuis trois jours. Je rédige un article pour faire une synthèse de ces courriers, il sera publié demain.

– Quels sont les enseignements de ces courriers ?

– Une majorité de lecteurs est favorable à la publication de lettres privées puisqu'elles éclairent les affaires publiques. La liberté de la presse est à chaque fois évoquée. Une minorité s'insurge contre le procédé, parlant du respect de la vie privée. Une seule sort du lot et a attiré mon attention, je vais te lire le passage le plus intéressant : « *Si une lettre d'une personne envers un groupe d'individus ou une société ou une institution ou une entité est connue d'un journaliste, rien ne peut empêcher celui-ci de la publier, c'est pour cette raison que Monsieur Calmette était tout à fait en droit de dévoiler les télégrammes diplomatiques qu'il avait en sa possession sur l'affaire de Fès entre la France et l'Allemagne*[111]. *Mais il avait le devoir de ne pas le faire pour les lettres intimes entre Caillaux et son épouse. Car elles ne sont que les dires d'une seule personne envers une autre et ne représentent que la vérité établie entre deux personnes, parfois très éloignées de la vérité*

---

[111] Ils les avaient en sa possession, en parla mais ne les publia jamais sous la pression de celui qui les lui avait fournis, l'ancien Président du Conseil Barthou. Le gouvernement de celui-ci était tombé à la chambre sur l'instigation de Caillaux.

publique. Qui n'a pas dans ses correspondances envers une autre personne, enjolivé, déformé, et même écrit des mensonges. Elles ne peuvent donc pas apporter une preuve quelconque de ce que le journaliste affirme. Qui plus est, elles ont été volées, et donc monnayées. Qui a commandité ce qu'on peut appeler un délit de vol ? Tout porte à croire que c'est celui qui les a publiées. »

– Pas mal du tout comme piste de réflexion. Que vas-tu faire ?

– Je vais approfondir la vraie raison de cette campagne. Pourquoi ? Je me pose toujours cette question !

Je continuais à chercher et dus faire appel à notre correspondant parisien Albert. Je lui demandai de me dresser un portrait des deux hommes et de fouiller sur les motivations de Calmette. Deux jours plus tard, le téléphone sonnait à la rédaction et l'on vint me chercher.

– Bonjour Henri, c'est Albert, prend note de ce que je vais te dire.

– Je t'écoute !

– D'abord sur Calmette, journaliste brillant, il démarre à 27 ans au journal, épouse la fille du Président du conseil de surveillance, et en devient le Directeur en 1902. En 1909, il a reçu deux millions de francs en héritage d'Alfred Chauchard, le patron des magasins du Louvre. Il semble que la campagne qu'il a menée contre Caillaux est à l'initiative de Louis Barthou[112], d'Aristide Briand[113], et de Raymond Poincaré.

– Le président de la République ? Qu'est-ce qu'il vient faire là-dedans ?

– Aucune idée, mais la campagne de déstabilisation contre Caillaux est l'œuvre des politiques qui se servent du journal et de son directeur.

– Et pour Caillaux ?

– Aristocrate à la tête d'une fortune, dix ans à l'inspection des finances. Considéré comme l'un des meilleurs économistes de sa génération. Sans cette affaire, on le donnait comme le futur Président du conseil après les prochaines élections. Il menait d'ailleurs des négociations avec Jaurès.

– Jaurès?

–Les rumeurs disent qu'il voulait le prendre comme ministre des affaires étrangères dans son futur gouvernement.

---

[112] Député, ministre, président du conseil et membre des Républicain modérés.
[113] Homme politique, d'abord membre de la SFIO, il évolue vers le centre et fonde le Parti Républicain Démocratique. Farouche opposant du droit de grève des fonctionnaires.

– Mais dans ce cas, la guerre avec l'Allemagne s'éloignait.

– Oui, c'est vrai, les rumeurs disent aussi qu'il voulait négocier avec ce pays et promouvoir un pacte de libre-échange avec les grandes nations Européennes ce qui aurait été d'après lui, une garantie de paix.

– Que les hommes politiques que tu m'as cités auparavant, ne voulaient pas, je suppose.

–Exact, la meilleure preuve c'est qu'ils sont à l'initiative du service militaire de trois ans, toujours défendu par le Figaro, et à laquelle s'opposaient fermement Caillaux et Jaurès. Ceux-ci prétendaient que l'Allemagne aurait pu le considérer comme une déclaration de guerre.

– D'après toi, c'est la véritable raison de la campagne diffamatoire ?

– Pourquoi pas, mais rien ne permet de l'affirmer ! Mais ce qui est sûr, c'est que ces hommes ont de la haine pour Caillaux.

On y était, il me semblait que l'affaire s'éclairait d'un jour nouveau. Impôt sur le revenu doublé d'un impôt sur la fortune, libre échange, entente de paix avec l'Allemagne, tous ces projets politiques qu'il voulait mettre en œuvre, et sans oublier l'arrivée de Jaurès dans un gouvernement[114]. C'était beaucoup pour un homme et cela devait attirer la haine de ses adversaires politiques.

–Il est vrai que les pacifistes sont de moins en moins nombreux dans ce climat de guerre. La plupart de nos politiques, poussés par les militaires, et une partie de l'opinion sont prêts à une guerre avec l'Allemagne, pire la souhaitent. Ils sont persuadés qu'ils la gagneront en quelques mois, feront plier l'Allemagne, se vengeront du désastre et de la honte de 1870, et récupéreront l'Alsace et la Lorraine, me dit Victor lorsque je le tins informé des éléments que l'on m'avait communiqués.

– Que penses-tu des discours que l'on nous donne sur une victoire rapide face à l'Allemagne ?

– Je ne suis pas un spécialiste de cette question. Mais il ne faut pas oublier ce qu'en disait Napoléon, on ne fait pas une guerre, si on n'a pas 75 % de chance de la gagner. Et je crains que l'on n'ait pas ce pourcentage. Prenons uniquement les faits. L'Allemagne est près de deux fois plus peuplée que nous[115], leur armée est forte de 800 000 hommes, bien entraînée et bien équipée. Avant le service militaire de trois ans, la nôtre était de 450 000 hommes, mal équipés pour beaucoup de régiments. Mais ce que je crains le plus c'est

---

[114] Jusqu'en 1913 le SFIO et Jaurès refusait de faire partie d'un gouvernement « bourgeois », mais devant la montée du péril que représentait à ses yeux la guerre, Jaurès, évolue et avec lui une partie de la SFIO pour une participation à un gouvernement d'union.
[115] 67 millions pour l'Allemagne et 40 millions pour la France.

l'aveuglement de nos chefs militaires. Quand je lis leurs déclarations, je suis sûr qu'ils imaginent une guerre comme on la pratiquait il y a un siècle, des régiments de cavalerie se précipitant sur les lignes ennemies avec de beaux uniformes de couleurs bien voyants pour les tirs ennemis.

–Je vais écrire un article sur Calmette et j'aborderai la raison la plus importante de ses articles contre Caillaux qui étaient dus au fait qu'il soit un pacifiste.

– Le journal ne va pas le publier !

– Je le publierai dans un autre sous un pseudonyme.

– Henri, tu risques de gros ennuis si tu écris en ce moment contre la guerre.

Chapitre 19 Lille, avril 1914.

– Bonjour, Henri

Je me retournai à cette interpellation et découvris une demoiselle des plus charmantes. Elle dégageait une grâce fantastique. Sa beauté naturelle était magnifiée par sa toilette. Une robe d'un gris souris dont les manches bouffantes, la taille serrée et le bas en jupe-culotte étaient agrémentées d'un foulard bleu et de dentelles blanches. Le petit canotier et les bottines fines lui permettaient de monter la bicyclette qu'elle tenait à la main. J'avais l'impression d'avoir devant mes yeux une apparition irréelle. Mais je connaissais ce regard, cette bouche fine et sculptée, ce nez aquilin, ces pommettes saillantes, et surtout ses yeux noisette qui exprimaient une douceur et une malice sans équivalent.

–Rosalie !

J'avais devant moi mon amour d'enfance, cette petite fille qui m'avait donné un doux baiser, pour me remercier d'un triste bouquet de fleurs, que je n'avais pas revue depuis plus de dix ans. Elle était devenue une jeune femme jolie et belle comme le jour.

– J'avais peur que tu ne me reconnaisses pas. Tu es très élégant !

Le monde à l'envers, c'était à moi de lui adresser des compliments mais j'étais incapable d'aligner deux mots. Je me retrouvais dans un état d'hébétude proche de l'imbécillité. Elle dut le comprendre, ayant plus de finesse que moi, s'approcha et me donna un doux baiser, de nouveau sur la joue.

J'avais par ce beau dimanche de printemps, mis mes plus beaux vêtements, veste à carreaux et pantalon de golf. Mon salaire le permettait. J'avais terminé ma période d'essai, et je pouvais m'offrir des habits à la mode. Je m'étais même acheté une bicyclette[116] que j'utilisais avec fierté lors des déplacements. J'avais un statut de rédacteur au journal et touchais 400 francs par mois.

– C'est un plaisir de te revoir, j'ai souvent pensé à toi, Rosalie.

– C'est gentil ce que tu dis. Moi aussi j'ai souvent pensé à toi.

– Es-tu libre pour te promener avec moi et que l'on parle de nous, enfin je vais dire de toi, ce que tu fais, où tu vis, comment tu vas, enfin de ta vie.

---

[116] En 1914, le parc est de 3,5 millions de vélos.

– C'est la première fois que tu me fais un discours aussi long, il y a longtemps tu m'as offert des fleurs sans dire un seul mot, et pourtant je sais que tu écris de longues phrases pour tes articles.

– Tu sais que je suis journaliste !

– Oui, je connais tout de ta vie, enfin presque tout.

– Comment ?

De nouveau, j'étais incapable d'aligner deux mots, pourquoi avait-elle le don de me paralyser et de me faire perdre tous mes moyens ?

– J'ai gardé contact avec ta sœur Octavie. Et comme elle me parle de toi, je connais les différents métiers que tu as fait, tes séjours en prison, ta passion pour l'écriture, ton service militaire et ton nouveau métier de journaliste. J'ai lu tes articles et je les trouve intéressants.

– Elle ne m'a rien dit !

– Non, je lui ai demandé de ne rien dire.

– Es-tu mariée ?

La question m'était venue naturellement et avait franchi mes lèvres avant même que je réfléchisse à ce que je disais.

– Non, je t'attendais !

Je suis persuadé que les battements de mon cœur se sont arrêtés et que j'aurai pu tomber raide mort. Mais en même temps, cela s'imposa comme une évidence.

– Je t'aime Rosalie, je t'ai toujours aimée sans même le comprendre, je t'aime toujours et je t'aimerai toute ma vie.

– C'est ce que je voulais entendre, Henri. Car moi aussi, je t'aime et avant même que tu me remarques, et quand tu m'as offert ce bouquet, je savais qu'on allait un jour se retrouver et vivre ensemble.

Et bien voilà, c'est elle qui m'avait fait une déclaration d'amour et me disait qu'elle voulait vivre avec moi. Et moi, j'étais au paradis. Le curé de mon enfance avait raison, il existait bien, j'en avais la preuve.

Nous continuâmes notre chemin comme deux amoureux qui ne s'étaient jamais quittés.

Elle me parla longuement ce jour-là, de sa vie depuis dix ans. Je ne me souviens pas de tout. Mais rien que de l'écouter cela suffisait à mon bonheur. Elle avait poursuivi ses études après le certificat, et travaillait depuis quelques années comme secrétaire de la direction de la filature Le Blan & Compagnie à Lille. C'était dans cette ville que ses parents avaient déménagé à l'époque. Plus tard, elle retourna à Roubaix pour essayer de me revoir. Elle apprit que j'avais eu quelques déboires avec la justice. Puis elle avait retrouvé ma sœur et lui avait parlé de moi. Et c'est ainsi qu'elle avait été tenue informée de ma vie. Durant mon service militaire, ma sœur lui avait lu mes lettres.

Elle me parla aussi et avec fougue de son engagement. Elle était féministe.

– Tu veux dire suffragette !

– Henri, c'est un mot sarcastique inventé par le Daily Mail pour nous railler. Nous revendiquons simplement le droit de vote pour les femmes. Nous devons payer des impôts, nous devons respecter les lois mais nous n'avons aucun droit politique, l'entrée à l'assemblée nationale nous est interdite. Tu trouves cela juste ? Il est vrai que n'importe quel ignorant, ne sachant ni lire, ni écrire, est électeur. N'importe quelle brute frappant son épouse sans pitié, est électeur. N'importe quel poivrot passant son temps dans les bistrots à boire du matin au soir est électeur. N'importe quel fainéant qui se fait nourrir par son épouse, ou ses enfants est électeur. Mais la femme réputée inférieure à tous ceux-là, n'a d'emploi que comme contribuable et un seul devoir : celui de payer et un seul droit : celui de se taire[117].

Elle m'expliqua par la suite sa découverte du mouvement grâce aux actions des féministes anglaises et

---

[117] Tiré d'un article de l'écrivain et journaliste Séverine, née Caroline Rémy, amie de Jules Vallès et féministe engagée

du mouvement le « Women's Social and Political Union », fondé par Emmeline Pankhurst[118]. Elle suivait les actions et revendications de nos féministes françaises Hubertine Auclert, Madeleine Pelletier et Caroline Rémy. Elle faisait partie des 14 000 adhérentes de l'Union Française pour le vote des femmes. Je découvrais une véritable militante d'une cause que je connaissais mais que j'ignorais, la trouvant sans intérêt dans ma stupidité d'homme.

Nous passâmes ensuite les jours suivants à nous revoir en toutes circonstances et une semaine plus tard par un dimanche pluvieux où nous nous étions retrouvés de nouveau à Lille, je la demandai en mariage.

– Pourquoi, Henri ?

– Comment cela, pourquoi, je t'aime et il me semble que c'est réciproque, enfin je pense.

– Oui, mais pourquoi le mariage ?

– Que veux-tu dire ?

– Pas besoin de cela, nous pouvons nous aimer sans nous marier.

---

[118] Femme politique britannique du début du siècle. Elle fut citée comme l'une des 100 personnes les plus importantes du XX siècle.

Moi, qui étais pourtant plutôt libertin et me semble-t-il sans préjugé et loin des valeurs morales de l'époque, je me retrouvais déstabilisé.

– Je souhaite que tu portes mon nom, je sais c'est bête, mais j'y tiens.

– D'accord Henri, mais sache que je ne souhaite pas m'aliéner. Je veux disposer de mon salaire[119], un contrat de mariage pour la séparation de nos biens et pouvoir retirer mon argent de la banque sans ton autorisation[120].

–Mais Rosalie, on s'engage pour se marier et vivre ensemble, pas dans un combat pour les droits de la femme, mais je suis d'accord avec tout ce que tu m'as dit.

Son regard s'adoucit, elle m'embrassa longuement, au grand effroi et réprobation de la plupart des passants.

Le même jour, elle voulut visiter en ma compagnie les Galeries Lilloises[121], pour regarder les éléments dont nous aurions besoin pour notre vie commune. Plus exactement elle me fit découvrir ce grand magasin,

---

[119] Avant la loi du 13 juillet 1907, une femme mariée ne pouvait disposer de son salaire.
[120] Avant 1910, la femme ne pouvait retirer de l'argent sans l'autorisation du mari.
[121] Grand magasin de Lille, situé à l'emplacement actuel du Printemps rue Nationale.

construit depuis quelque temps à Lille, à l'image de toutes ces grandes enseignes qui s'installaient dans toutes les villes de France, et qui vendaient de tout, enfin presque tout. J'étais loin des petites boutiques de mon quartier, et même des commerces du centre de Roubaix. Je n'avais jamais imaginé un espace aussi important et surtout la foule qui s'y pressait. Mon plus grand étonnement fut pour les immenses lustres à l'électricité. J'avais déjà vu les bienfaits de la fée électricité. Mais je n'avais pas imaginé la beauté que pouvait dégager l'éclairage dans des décors de bois et de marbre d'un ensemble aussi imposant. Décidément, ce siècle amenait des merveilles d'inventions ct de bouleversements dans notre vie quotidienne. Pour le reste, la foule me donnait un sentiment étrange de panique et d'anxiété.

Nous décidâmes dans la foulée de nous marier fin juillet, le temps de prévenir tout le monde, de préparer la noce et de s'occuper de la réception que l'on voulait restreinte mais joyeuse. Elle me parla de ses parents qui l'avaient presque ignorés ces dernières années à cause de ses idées et de sa vie indépendante. Son frère, avec lequel j'avais été en classe, menait une vie bien rangée, marié et père de famille. Notre intention était de nous installer rapidement ensemble, sans attendre le mariage et de trouver un logement le plus vite possible à Lille.

J'étais comblé, un métier que j'aimais, une aisance financière suffisante et par-dessus tout, une femme que j'aimais et qui m'aimait. La vie me souriait et je débordais d'optimisme. Quand j'informais de nos projets Victor, il me félicita chaudement et fut heureux pour moi. Octavie, quant à elle, eut un petit sourire énigmatique, et je vis son regard briller. Ma mère était heureuse. Le fils terrible que j'avais été, se rangeait et préparait son avenir. Seul ombre au tableau, les parents de Rosalie, qui n'apprécièrent pas du tout, mais pas du tout, notre décision de se marier civilement et pas à l'église. Le scandale, pour eux, était énorme.

Le 27 avril, nous découvrîmes les résultats du premier tour des élections législatives. Les radicaux et les socialistes étaient en tête, les libéraux étaient en recul un peu partout en France. Je découvris avec stupeur la Une du Figaro où on commentait l'élection de Caillaux, réélu au premier tour dans sa circonscription de la Sarthe. Le journal avait publié un dessin où l'on voyait Caillaux debout sur la tombe de Calmette, et un article intitulé : « La honte ». Le journaliste accusait le député de complicité de meurtre, supposait que sa réélection était due à de sombres manœuvres de fraude dans les urnes, et remettait en cause le suffrage universel sous couvert de l'élection de son ennemi, en le qualifiant de méthode viciée. Il s'agissait là, d'un article d'anthologie de la haine.

La semaine suivante, je reçus un appel téléphonique bizarre d'Albert à notre rédaction.

– Bonjour Henri, peux-tu te rendre à la poste et me téléphoner en interurbain au numéro que je vais t'indiquer.

Interloqué, je me rendis rapidement à la poste centrale de Lille, demandait le central de Gutenberg[122] à Paris et je me retrouvais dans une cabine en communication avec Albert.

– Désolé de te joindre par ce moyen, mais il fallait que je te parle en toute confidentialité.

– Je t'écoute !

–Tu te souviens de notre dernière conversation et de tes interrogations sur l'acharnement de Calmette à diffamer Caillaux. J'ai des informations complémentaires qui m'ont été données par un journaliste de mes amis qui travaille au « Matin »[123]. Je ne peux pas te donner son nom. Et je ne peux pas te dire

____

[122] Poste centrale de Paris, ouvert en 1892.
[123] En 1914, c'est un journal nationaliste et anti parlementaire.

si ses informations sont vraies, je n'ai aucune preuve, mais je le crois.

– Quelles informations ?

– C'est incroyable, Calmette recevait de l'argent de la Russie pour discréditer Caillaux.

– Que dis-tu ?

– Calmette recevait de l'argent pour diffamer Caillaux, d'autres rédacteurs du Figaro aussi, mais ce n'est pas tout, la plupart des journaux en reçoivent via l'ambassadeur de Russie, le Comte Isvolsky.

– Pourquoi ?

– Pour amener leurs lecteurs à être favorable à la guerre avec l'Allemagne. Tous, enfin presque, le Figaro, le Temps, Le Matin, le Petit Parisien, le Petit Journal, la Patrie, l'Action Française, et presque tous les rédacteurs et les grands Reporters reçoivent de l'argent.

– Tu as des noms ?

– Georges Bourdon, au Figaro. Charles Rivet, au Temps. Bunau-Varilla à l'Action Française.

– Mais pourquoi la Russie ?

– Le Tsar et le gouvernement russe, surtout le ministre des affaires étrangères Sazanov, veulent la guerre avec L'Allemagne et avec l'Autriche pour aider la Serbie, mais aussi pour reprendre en main leur pays qui leur échappe de plus en plus.

– Et notre gouvernement ?

– Complètement impliqué dans cette affaire, tout cela est orchestré par le Président Poincaré qui veut aussi la guerre avec l'Allemagne. À partir de 1912, à l'époque avec l'aide de son ministre des finances Louis-Lucien Klotz, les fonds étaient versés à la Banque de France, et les chèques étaient signés par celui-ci. Un agent secret français, un dénommé Lenoir, servait de messager entre Paris et Saint-Pétersbourg[124].

– Tu parles au passé ?

– Évidemment, lorsque Poincaré est devenu président de la République, sous le gouvernement de Barthou, Klotz était toujours ministre des finances. Mais à la chute de celui-ci, sous le gouvernement de Doumergue, c'est Caillaux qui est devenu ministre des finances, et là, la source s'est tarie.

– Tout s'explique !

– Oui, mais Poincaré n'a pas renoncé, les journaux ont continué à toucher de l'argent par d'autres moyens et ont organisé une campagne contre Caillaux et Jaurès, puisqu'ils étaient contre la guerre.

---

[124] Dénoncé à partir de décembre 1923, toute la correspondance entre le ministre du Tsar et le gouvernement de Poincarré fut publiée par l'Humanité. Un rapport « L'abominable vénalité de la presse française » fut publié en 1931 et conduira au statut de journaliste professionnel, voté par le parlement en 1935. Voir sur la BNF
http://gallica.bnf.fr/ark:/12148/bpt6k83024b.r=

– C'est pour cela qu'il s'est toujours méfié de la Russie.

– Je pense.

J'étais sous le choc. On était prêt à entrer en guerre et on se préparait depuis plusieurs années. Et pour pousser l'opinion dans cette voie, on payait des journalistes afin d'écrire des articles favorables à celle-ci.

Mais pourquoi donc Poincaré voulait-il la guerre ?

Chapitre 20 Lille, mai 1914.

J'avais reçu une lettre de mon ami Socrate, il fallait que je lui réponde.

« Cher Socrate, cher ami,

C'est le second courrier que tu m'envoies sans avoir de nouvelles de ma part. Aussi celle-ci ne sera pas sans réponse.

Tu ne le sais pas, j'ai retrouvé mon amour de jeunesse, c'est devenu la passion de ma vie. Nous allons nous marier début août, le premier du mois pour être précis. J'aimerais tant que tu puisses être en permission à cette date et venir à notre mariage. Essaye de voir si c'est possible. J'ai parlé de toi à Rosalie, elle est impatiente de te rencontrer. Que dire de cet ange ? Qu'elle est merveilleuse, belle et intelligente ! Que je ne conçois plus la vie sans elle ! Qu'elle en fait partie comme si je n'avais connu qu'elle ! Je partage mes joies, mes peines, mes passions, mes idées avec elle et je suis heureux.

Pour en revenir à toi et les nouvelles que tu me donnes, ne t'inquiètes pas, tu seras bien libéré des obligations militaires à la fin de cette année, après tes deux années de service. Le débat a fait rage de nouveau durant les dernières législatives qui a vu, comme tu le sais, les radicaux et les socialistes obtenir la majorité absolue à la chambre. Le président de la République Poincaré doit donc désigner le chef du conseil faisant partie de cette majorité pour constituer un gouvernement et qui reviendra peut-être sur cette loi des trois ans. De toute façon, l'âge de l'incorporation a été abaissé de 21 à 20 ans pour libérer les classes actuellement sous les drapeaux et ne pas réenclencher les mouvements et les manifestations dans les casernes comme l'année dernière. Tu seras donc libéré en décembre 1914 et tu pourras rejoindre ainsi ton foyer. J'espère que cette élection éloignera le spectre de la guerre que certains souhaitent. Nos discussions de philosophie politique me manquent. Tu pourrais ainsi m'expliquer pourquoi certains veulent la guerre contre l'Allemagne. Au nom de quoi ? L'Alsace-Lorraine ? Sais-tu qu'en mai de l'année dernière, les représentants élus et qualifiés des différents groupes politiques constitués en Alsace-Lorraine[125], ont signé à l'unanimité une Résolution s'opposant fermement à l'idée d'une guerre entre l'Allemagne et la France et proposent au contraire

---

[125] Au sein de l'Empire germanique, L'Alsace-Lorraine est considéré comme un « Land », et un parlement régional est constitué dès 1874.

d'étudier les moyens pour conduire à un rapprochement entre les deux pays. On ne parle plus de cette ancienne région de France, mais on se passionne pour la Serbie et on prend fait et cause pour celle-ci, face à l'invasion de la Bosnie-Herzégovine par l'Autriche en 1908. Mais au nom de quoi ferait-on la guerre pour la Serbie alors qu'on ne veut plus le faire pour l'Alsace Lorraine ? J'aurai beaucoup d'autres choses à t'apprendre lors de ton retour que je ne peux te dévoiler maintenant.

Prends soin de toi, reviens-moi en bonne santé.

Ton ami et disciple.

Henri »

— C'est trop énorme, incroyable et je dirai immoral ! Me dit Victor.

Nous étions assemblés avec Rosalie et Octavie pour un repas dominical et commentions les dernières nouvelles et ce que m'avait dévoilé Albert.

— Es-tu sûr de lui.

— Oui, je pense. Albert Londres[126] est journaliste au Matin, il est aussi le correspondant parisien dans

---

[126] Journaliste et écrivain français, c'était un professionnel de l'information, véritable référence en tant que journaliste. Chaque année, le prix Albert Londres est décerné à un journaliste francophone pour la qualité de son

plusieurs journaux, dont le mien. C'est un homme sûr et honnête. Il m'a dit, durant la dernière communication, que notre travail de journaliste n'est pas de faire plaisir, non plus de faire du tort, il est de porter la plume dans la plaie. Il a comme ami Olivier Le Tigre, un fonctionnaire du ministère de l'intérieur qui a travaillé pour Clemenceau, Caillaux et bien d'autres hommes d'État.

– Le Tigre ?

–Oui, c'est un surnom que ses collègues du ministère lui ont donné, il a été le collaborateur de Clemenceau durant de nombreuses années. Je ne connais pas son vrai nom. Mais c'est un homme proche du pouvoir et qui connaît pas mal de choses, et bien sûr les secrets de la République.

– Et que dit Albert Londres de Poincaré ?

– Lui, rien, mais ses sources lui ont dit que Clemenceau et Poincaré se détestent. Clemenceau le considère comme un homme dont le cœur est bourré de dossiers.

– Ce qui veut dire ?

– Qu'il est sans cœur et traite la France comme un dossier. Il poursuit ses idées et ne la comprend pas. Il habille ses discours de belles phrases, les noie dans les

travail.

détails sans aborder l'essentiel. Il a été élu sur des promesses mais il fait le contraire. Déclare vouloir la paix, mais prépare la guerre. Se dit pour la liberté de la presse, mais l'achète pour publier sa vérité. Se prétend homme intègre mais maquille les faits pour faire aboutir ses projets. Il n'a aucune vision politique, c'est un amateur à la petite semaine, mais c'est un grand professionnel de la manipulation et des combines politiques. N'oublie pas, que dans l'affaire Dreyfus, il ne s'est jamais exprimé durant le procès. Puis quatre ans après la condamnation de cet officier, ayant toutes les preuves de son innocence depuis longtemps, il prend position et dit à la chambre qu'il ne peut plus se taire. Pourquoi n'a-t-il pas parlé plus tôt ?

– Mais pourquoi la guerre ?

– Toujours d'après Albert, il veut la revanche. N'oublie pas, il est Lorrain, il est né à Bar le Duc. Il a d'ailleurs déclaré que sa pensée était assombrie par la défaite de 1870 et la frontière qu'avait imposée le traité de Francfort. Qu'il ne voyait pas pour sa génération, d'autre raison de vivre que l'espoir de retrouver les provinces perdues[127]. Je le soupçonne que le fait d'entrer

---

[127] Il rédigea un article reprenant ces termes dans le journal l'Université en octobre 1920.

en guerre, lui permettra de ne pas voir l'impôt sur le revenu et l'impôt sur la fortune se mettre en place.

– Tu crois que l'on veut la guerre pour des raisons de politique intérieure ?

– Et pourquoi pas ? Faire ou provoquer une guerre pour des raisons de faillite financière de l'État ou pour préserver des privilèges, ce n'est pas nouveau dans l'histoire. La guerre de 1870 en est la preuve.

Je ne pouvais pas faire un article sur ce que j'avais appris, pas de preuve formelle, pas de moyen de faire une enquête, et puis mon journal ne le permettrait pas. J'étais aux faits divers et sa ligne politique était conservatrice, ne pas faire trop de vagues et rester dans le ton de la majorité bien-pensante.

Et arriva le discours à Rennes de Poincaré. En déplacement en Bretagne, il prononça les phrases suivantes : « *Les générations nouvelles n'ont connu que les bienfaits de la paix, elles n'ont rien connu de la guerre. La France ne veut pas subir et connaître la loi de l'étranger, mais elle entend sauvegarder son indépendance, ses droits et son honneur. Il lui faut pour les défendre une armée composée de gros effectifs, et rapidement mobilisables.* » Les paroles furent citées et largement commentées par le Figaro.

Le journal ensuite défendit la loi des trois ans et montrait le risque de l'abandon de celle-ci. Le lendemain Jaurès répondait à ce discours dans les termes suivants : « *Le président de la République dans un discours à Rennes s'engageait à fond pour la loi des trois ans. Comment pourra-t-il tenir compte de la volonté de la majorité à la chambre ? Cette déclaration brutale est, au moment où elle se produit, franchement anticonstitutionnelle.* »

–C'est sans précédent depuis des dizaines d'années, me dit Albert au téléphone.

– Pourquoi ?

–Tu n'es pas sans savoir que le gouvernement de Doumergue vient de démissionner. Il se dit qu'il ne voulait pas gérer ce problème des trois ans. Les partis politiques radicaux-socialistes et socialistes, de par leur accord de programme de gouvernement signé à Pau, veulent rétablir le service à deux ans. Ils ont obtenu la majorité mais Poincaré est à la manœuvre pour faire abandonner ce projet au futur gouvernement. Il essaye de trouver un homme politique, puisque la constitution lui dicte de le prendre dans les rangs de la formation la plus importante, qui serait prêt à le suivre dans cette voie.

– Pourquoi tient-il tant à cette loi ?

– Les accords secrets signés lors du traité franco-russe de 1892 ! Il se dit, dans les couloirs du pouvoir, que cette alliance prévoit que si l'un des deux pays est attaqué par l'Allemagne, l'autre emploiera toutes ses forces disponibles pour combattre l'Allemagne, Dans le cas où l'un des deux pays viendrait à mobiliser, l'autre mobiliserait immédiatement la totalité de ses forces et les porterait à ses frontières. Ainsi l'Allemagne serait attaquée à l'est et à l'ouest. On parle même que ces accords prévoient le nombre d'hommes prêts à combattre contre l'Allemagne, 1 300 000 pour la France et 800 000 pour la Russie.

– Mais Poincaré ne peut mobiliser sans une loi votée par le parlement !

– Il s'en passera, crois-moi.

– L'Allemagne prendra la mobilisation du pays comme une déclaration de guerre.

– Exact, et Poincaré aura sa revanche et aura réussi !

J'informai Victor de mon entretien.

– J'ai l'impression que les politiques des deux côtés de la frontière jouent avec le feu, me dit Victor.

– Et pour mieux jouer à la guerre ou à sa préparation, on s'éloigne de la constitution, car enfin depuis Grévy en 1879, aucun président ne va à l'encontre de la majorité du parlement élu au suffrage universel. S'il nomme un chef du conseil qui va à l'encontre de la révision de la loi des trois ans, cela correspond à un coup de force.

– Tu as vu ce que titre le Matin, « *Pour l'immense majorité des hommes politiques russes, la loi de trois ans est absolument indispensable, non seulement au maintien de l'équilibre européen, mais également au bon fonctionnement de l'alliance... On a, à Saint-Pétersbourg, la plus grande confiance en M. Poincaré pour empêcher qu'on ne porte atteinte à l'alliance.* »

– Le journal le Temps n'est pas en reste : « *Il est naturel que l'opinion russe nous crie casse-cou et nous prémunisse, avec l'autorité de l'amitié et des traités contre les risques certains que les amis de MM. Jaurès et Caillaux font courir à la sécurité de notre frontière et à la dignité de notre politique.* »

– Henri, j'ai l'impression qu'une campagne est organisée en Russie pour être relayée par la presse française et ainsi faire pression sur l'opinion, et le futur gouvernement.

Chapitre 21 Lille, juin 1914.

Nous étions en plein préparatifs de notre mariage, et nous ne nous quittions plus. Nous avions emménagé dans un immeuble de la rue Saint Jacques à Lille, au second étage. Pas un palace, loin de là, mais nous avions le gaz et l'électricité. Rosalie avait peu de chemin à faire pour se rendre à son travail, et moi je m'y rendais à bicyclette ou en tramway, en fonction du temps. Nos salaires nous permettaient de vivre confortablement et de pouvoir profiter de la vie dans cette métropole. Tout semblait nous réussir, et nous pouvions envisager l'avenir avec confiance.

Nous discutions souvent avec Rosalie des événements politiques et des dangers que pouvait représenter un conflit généralisé.

– Henri, que penses-tu de la confiance refusée par l'assemblée au gouvernement de Ribot[128].

– C'est une victoire de la république, mais je crains que Poincaré ne continue à manœuvrer. Il a d'abord

---

[128] Républicain conservateur appelé par Poincaré pour former un gouvernement, l'assemblée lui refuse sa confiance par 306 contre 262. Ce fut le seul cas de gouvernement renversé avant d'avoir gouverné.

demandé à Viviani[129] de former un gouvernement, mais celui-ci ne donnait pas assez de garanties à son parti pour changer la durée du service militaire, et revenir à deux ans. Il a abandonné. Poincaré a alors appelé Ribot, un républicain conservateur, pour former le gouvernement mais celui-ci a échoué à obtenir la confiance de l'assemblée.

– Que va faire Poincaré ?

– Demander à Viviani d'essayer de nouveau ! C'est un des rares radicaux qui a changé d'opinion et est compatible avec ses idées.

– Il échouera de nouveau !

– Je n'en suis pas aussi sûr, il va faire des promesses ou des déclarations qui vont faire croire qu'il abandonnera les trois ans, mais agira différemment[130].

Malheureusement, je ne me trompais pas. Le gouvernement Viviani fut nommé. L'assemblée lui vota la confiance sur des déclarations ambiguës que Jaurès ne manquait pas de dénoncer quelques jours plus tard : « *Le cabinet Viviani affecte de faire appel à la majorité républicaine et aux forces de gauche, bien qu'il soit*

---

[129] Radical socialiste, il est au départ contre la loi des trois ans, mais il se laisse influencer par Poincaré pour ne pas y revenir.

[130] C'est ce qui se produisit. Il déclare devant la chambre que la loi serait revue dès que possible, mais dans les faits, il assura au gouvernement russe que cette loi serait maintenue.

obligé, par je ne sais quels engagements secrets envers l'Élysée, d'adopter sur les trois ans une formule qui a contre elle la majorité des républicains. » Ce qui avait amené des propos outranciers de la plupart des journaux contre ce « traître abominable », cet « espion allemand » de Jaurès.

– Tu avais raison, me dit Rosalie. Mais pourquoi tant de haine pour Jaurès !

– Il dénonce les manœuvres, emploie un ton juste et dit ce qui n'est pas bon à entendre pour de nombreuses personnes.

– Comme pour l'armée.

–Oui, il n'est pas contre un service militaire et une armée forte pour préserver la paix. Ce n'est pas un idéaliste. Mais il sait que cette loi des trois ans ne rendra pas notre armée plus forte. Il faudrait revoir toute l'organisation, la rendre plus moderne. Nos officiers d'état-major de la métropole pensent comme il y a un siècle, se lancer devant les lignes ennemies en escadrons de cavalerie, sabre au clair. Absurde, j'ai vu au Maroc, ce que cela avait comme conséquence pour ceux que nous combattions. Nos officiers de l'état-major sont incapables d'innover et d'agir. Ils éblouissent le public avec le concours de la grande presse parisienne, faisant croire à nos concitoyens que nous avons la meilleure armée du monde. Et si la guerre se déclare, on aura vaincu les Allemands en quelques semaines. C'était la même chanson en 1870. On a vu les conséquences. Jaurès préfère un service militaire court avec des périodes de réserve importantes, cela éviterait les tentatives de coup d'État militaire.

– Oui, en tout cas, on a beau parler de l'Allemagne comme nation rétrograde, elle va bientôt accorder aux femmes allemandes le droit de vote[131].

– C'est un bel exemple de notre arrogance. Depuis 1789, on pense être le centre du monde en termes de démocratie, de république et de liberté. En fait, on parle mais on n'agit pas. On rayonne de par le monde par nos écrivains, nos philosophes, nos poètes, nos artistes, pas par nos hommes politiques, mis à part quelques-uns comme Jaurès.

Je continuais à écrire les articles pour mon journal, des éclairages sur les faits divers, mais je me sentais frustré. Et puis l'idée me vint.

« L'homme de demain.

Quel sera l'homme de demain, le Français de demain ?

----

[131] Il sera effectif en 1919, car retardé par la guerre de 1914.

Projetons-nous dans un siècle. Nous sommes en 2014. Comment vivons-nous. Mieux, on peut le supposer avec toutes les inventions que nous connaissons et celles qui viendront et que nous n'imaginons même pas. Le confort matériel ira donc en s'améliorant, et en 2014, nous vivrons avec des objets de luxe, voiture, téléphone, que seule la classe aisée peut acheter en 1914. Nous pouvons supposer aussi que la médecine aura fait des progrès immenses, comme elle a su le faire depuis un siècle. Ce qui nous permettra de mieux soigner les maladies, de diminuer la mortalité et d'augmenter notre espérance de vie[132]. Nous pouvons aussi penser que, de par la diminution de la durée du travail qui est effective, nous aurons plus de loisirs, travaillerons moins. La femme et l'homme de 2014 auront plus de temps à se consacrer à la vie artistique, plus de temps à voyager (peut-être en avion), et plus de temps pour s'occuper de leurs projets. Nous pouvons supposer aussi que l'instruction, comme nous pouvons le constater depuis quelques dizaines d'années avec l'école obligatoire, aura considérablement augmenté. Tout le monde ou presque sachant lire, écrire et compter, aura aussi la possibilité de parler des langues étrangères, de lire de la

---

[132] L'espérance de vie en 1914 était de 50 ans. Elle est à plus de 80 ans aujourd'hui. Et dans un siècle ?

philosophie, d'apprendre la chimie, la physique, et les mathématiques. Nous comptons aujourd'hui moins de 8 000 bacheliers par an, nous pouvons penser qu'en 2014, ce chiffre sera multiplié par 10[133]. Ce qui nous permettra de former nos ingénieurs, nos savants et nos techniciens pour notre industrie et notre économie. Nous pouvons imaginer aussi que notre salaire aura augmenté pour pouvoir profiter de toutes les nouvelles choses et biens que nous procurera le siècle à venir[134].

Mais comment aura évolué notre état ? Comment aura évolué notre république ? Nos hommes politiques, sauront-ils nous éloigner des guerres mondiales qui nous attendent si les intérêts personnels de certains, animés par un esprit de revanche pour les uns et de conquêtes pour les autres, prennent le pas sur l'intérêt de tous ?

Chers lecteurs, envoyez-nous votre avis sur cette vie dans un siècle et vos espoirs pour demain. Nous publierons les remarques les plus pertinentes ! Henri B. »

Comme je le pensais, mon rédacteur en chef avait lu la première partie de mon article, la dernière phrase, et

---

[133] Il est en fait multiplié par 70 en 2013.
[134] Le niveau de vie a été multiplié par dix en 100 ans.

m'avait donné son accord pour la publication. Et certaines phrases étaient passées inaperçues.

Mais mon article passa aussi inaperçu, noyé dans les articles des journaux parisiens et provinciaux, dont le mien, qui, en dehors de l'Humanité, publiaient tous des articles démontrant les bienfaits de la loi militaire et en demandaient encore plus, conduisant l'opinion des lecteurs à la guerre.

Le Matin publiait un article comparant les effectifs des deux armées de part et d'autre du Rhin, pensant démontrer que c'était le nombre de militaires qui faisait la différence et non son équipement et son organisation. Le Figaro écrivait un long article, faisant causer un soi-disant ambassadeur en Allemagne, pas celui de la France mais un autre, qui indiquait toutes les bonnes raisons pour lesquelles L'Allemagne souhaitait la guerre. On écrivait même que l'ambassadeur aurait affirmé qu'il existait dans ce pays un chauvinisme plus important qu'en France. Plus important qu'en France ? Je me demandais si c'était possible. Le journal La Justice indiquait que l'Allemagne avait décidé de créer des garnisons supplémentaires en Alsace-Lorraine, Poincaré ne serait pas content, c'est sûr. Il oubliait simplement de préciser que la France avait augmenté ses effectifs à la frontière de façon considérable pour faire face à une

« attaque brusquée ». C'était la réponse du berger à la bergère.

Tous ces articles avaient pour but de changer l'opinion, et même de mettre en place l'idée d'une guerre inévitable qu'il fallait absolument préparer et même devancer. J'en étais de plus en plus persuadé, surtout depuis les dernières informations que m'avait communiquées Albert.

– Sais-tu pourquoi le conseil supérieur de la Guerre a décidé le service à trois ans en mars 1913 ?

– Pour augmenter les effectifs de l'armée d'active.

– Oui, bien sûr, mais en cas de conflit, cela n'augmentera pas les effectifs mobilisables. Et le nombre de militaires sera le même. C'est surtout pour faciliter la mobilisation, ainsi elle sera plus courte, moins d'hommes à rappeler et plus de casernes. C'est l'objectif du plan de mobilisation XVII de Joffre. Mobilisation des hommes, concentration aux frontières, organisation en plusieurs armées et planification des directives pour les premières offensives, mais comme tout cela prendrait environ une quinzaine de jours, il faut aussi prévoir une couverture de cette mobilisation par une partie des troupes d'active. Plus il y a de troupes d'active, plus la mobilisation sera courte.

– Mais ce n'est plus un plan de mobilisation, c'est un plan de guerre.

– Il est effectif depuis le 28 mai 1914. La réquisition des chemins de fer est prévue pour le transport des troupes. Toutes les consignes sont arrivées aux officiers, de nouvelles cartes de l'est de la France et des Ardennes ont été imprimées et envoyés. Un corps d'armée semble être prévu pour attaquer en direction d'Arlon[135].

– Mais c'est en Belgique, le pays s'est pourtant déclaré neutre. L'Allemagne va croire que la France va envahir la Belgique[136].

Je me lamentais de toutes les conséquences de cette campagne de presse. L'année dernière, l'opinion était contre la guerre, aujourd'hui elle était pour, pire elle la souhaitait.

Et puis le 28 juin, j'appris comme tous, l'assassinat de l'archiduc Français Ferdinand, héritier de la couronne autrichienne et de son épouse à Sarajevo.

---

[135] Situé en Belgique, province du Luxembourg.
[136] Ce fut l'ultimatum allemand du 2 août 1914 au gouvernement belge. Indiquant que ses renseignements laissaient prévoir une invasion du pays par les français, l'Allemagne indiquait que ses troupes « passeront » par la Belgique. Namur tombe le 20 août 14, ouvrant la voie sur Paris.

Chapitre 22 Lille, juillet 1914.

Triste mois de juillet, sous la pluie et les orages. Nous étions fin prêts pour la cérémonie de notre mariage. Les dates fixées, les témoins avertis, le repas commandé, la salle réservée, et même notre voyage de noce, une semaine dans la station balnéaire du Tréport. Voyage par le train, séjour à l'hôtel, promenades, excursions, tout un programme pour des premières vacances en ce qui me concernait. J'avais un peu oublié les menaces sur la paix qui continuaient à remplir les quotidiens.

Malgré tout, je lisais avec attention tout ce qui se rapportait aux affaires de l'Europe, et à la préparation de l'armée française. Je la voyais avec un minimum d'organisation, malgré l'objectif affiché de totale préparation de l'état-major. Je fus consterné en lisant dans la presse, le scandale qu'avait provoqué le rapport de Charles Humbert[137], rapporteur de la commission du sénat sur l'armée. Pas de canon, pas d'obus, du matériel d'approvisionnement d'un autre âge, pas de

---

Sénateur du centre, son rapport de juillet 1914 est un réquisitoire sans concession du manque total de préparation et d'incapacité de l'armée française pour faire face à une menace extérieure. Le gouvernement le reconnait le 14 juillet 1914.

communication entre les différentes places fortes de l'est de la France, peu de munitions, du matériel de moins bonne qualité fourni par les industriels français que celui livré à l'étranger, la question de l'uniforme militaire à l'étude depuis quinze ans, pas assez de chaussures militaires, et celles qui existaient, dataient de plus de trente ans, de l'argent dépensé à rien ou plus exactement à des études et des rapports qui n'aboutissaient pas et ne donnaient rien. Et le rapporteur de conclure : « *On a laissé croire au pays qu'avec la loi des trois ans, on était en mesure de résister à toute agression, le nombre ne suffit pas, il faut aussi de l'organisation* ».

Je voulais satisfaire ma curiosité, aussi dès mon arrivée à la rédaction, je pris contact avec un quotidien de l'est de la France, l'Est Républicain. Au téléphone, je demandai un rédacteur spécialiste des questions militaires.

– Bonjour, Henri Becquet, je voulais avoir votre opinion sur le rapport Humbert qui fait grand bruit actuellement, comme vous êtes situé à Nancy, vous connaissez nos garnisons de l'est et avez des informations sur les garnisons allemandes de la Lorraine.

–Bonjour, Edouard Herman, franchement ce rapport non seulement ne nous a pas surpris, mais on l'a trouvé en dessous de la réalité. Les causes sont nombreuses de l'incurie de nos armées. Nous, on peut comparer avec les garnisons et la préparation de l'armée allemande. Contrairement à ce qui se passait il y a dix ou quinze ans, à cette époque, notre armée était supérieure dans tous les domaines, artillerie, avion, équipement, fusils. Mais tout s'est inversé par la suite.

– Pourquoi ?

– Parce que le matériel est âgé, et on ne l'a jamais remplacé. Tout a plus de vingt ans. On n'a pas le matériel de rechange et on manque de compétences. Sans parler de l'intendance, et de l'état sanitaire de nos casernes, on y meurt plus des épidémies que partout ailleurs en France. On dit que le budget militaire sert surtout à construire des casernes. Et tout le matériel moderne et l'approvisionnement partent au Maroc. Cette campagne du Maroc représente 25 % du budget militaire total.

– Mais les commandants de corps doivent le signaler.

– Bien sûr et avec l'appui des hommes politiques de la région, mais ils ne sont pas entendus par le ministère de la guerre et pas écoutés par l'état-major.

– Et Joffre?

–Le gouvernement français l'a propulsé à la tête de l'état-major en 1911, un simple général de division encore inconnu. N'oubliez pas qu'il est du génie, et ses faits d'armes se sont limités à la prise de Tombouctou, en 1894, contre des combattants peu équipés d'armes modernes. À mon avis, il est peu expérimenté[138], il a toujours privilégié l'offensive et se préoccupe peu de la défense du territoire.

– Et si nous entrons en guerre ?

– Et bien, nous serons vaincus, sauf si l'Angleterre rentre en guerre à nos côtés.

Je me demandais, alors que les mauvaises nouvelles s'accumulaient et que les événements nous conduisaient à une entrée en guerre imminente, pourquoi donc Poincaré et le Premier ministre avaient décidé d'un voyage officiel en Russie ?

Les derniers jours de juin ne m'apportèrent que du bonheur avec Rosalie. Je découvrais chaque jour sa finesse d'analyse et sa perspicacité dans la vie. Un jour, elle me tint un discours étonnant.

– Nous sommes au bord de la guerre, et je crois que tu seras, comme tous les autres, mobilisé.

– Quelques mois tout au plus, puis la guerre s'arrêtera, un cessez-le-feu interviendra. L'opinion n'acceptera pas les milliers de morts et les défaites que nous subirons.

----

[138] Voir le livre de Roger Fraenkel : « Joffre, l'âne qui commandait des lions ». Août 1914, 300.000 morts français en trois semaines.

– Tu t'insurges, à juste titre, de la manipulation des journaux et de la censure, crois-tu qu'en temps de guerre, cela changera ? Au contraire, la censure et la désinformation vont s'amplifier. On va minimiser les morts, on présentera les défaites comme de simples revers. Les petites victoires sans lendemain seront présentées comme de fantastiques victoires. On cachera aux Français l'étendue des désastres. Non, Henri, cette guerre risque de durer, sauf en cas de victoire de l'Allemagne dans les premiers mois. Mais contrairement à 1870, les Russes et les Anglais seront sur le front, et toutes les nations d'Europe s'y mettront, Elle va durer et faire des millions de morts.

– Pour l'instant, elle peut se circonscrire à une guerre entre l'Autriche et la Serbie.

– Espérons, mais si tu es mobilisé, jure-moi de te tenir tranquille et de tout faire pour rester en vie.

Seul Jaurès continuait à vouloir la paix. Les événements s'étaient précipités. Après l'assassinat de Sarajevo. Les meurtriers avaient été arrêtés. L'un d'entre eux, Danilo Ilié, membre d'une organisation nationaliste serbe avait précisé que les armes avaient été fournies par la Serbie. L'Autriche Hongrie avait posé un ultimatum au gouvernement serbe et notamment demandé que des policiers autrichiens aillent enquêter sur le territoire serbe. Sous la pression, semble-t-il de la Russie, la

Serbie avait refusé. Le 26 juillet, les relations diplomatiques entre les deux pays étaient rompues, et la Serbie déclarait la mobilisation générale. Le 28 juillet, l'Autriche-Hongrie déclarait la guerre à la Serbie, c'en était fini de la paix en Europe.

Durant cette période, je m'intéressais aussi au procès de Madame Caillaux qui s'était ouvert aux assises le 20 juillet.

Je lus qu'on se battait entre la défense et l'accusation sur des lettres rendues par le journal, après la mort de Calmette, au président de la République. Celles-ci avaient établi que Caillaux défendait ses intérêts personnels, et les intérêts allemands, bref qu'il était un traître, mais de lettres, point. Faux, copies, en tout cas, le procureur certifiait qu'elles n'existaient pas, on n'avait remis aucun courrier à Poincaré. Les rédacteurs du Figaro certifiaient le contraire. Il existait cependant une chose troublante, Calmette aurait déclaré à plusieurs reprises avant sa mort, que des papiers lui avaient été remis par un cabinet ministériel, sur ordre de qui ?

Cela sentait la manipulation, et la dissimulation pour ne pas faire apparaître les manigances secrètes de la république et de son premier représentant pour conduire à une guerre inéluctable.

Et puis, la troisième série de balles fut tirée. La première l'avait été sur Calmette, éloignant les politiques français qui auraient favorisé la diplomatie en cas de crise. La seconde l'avait été sur le prince héritier d'Autriche, permettant de mettre en place tous les ingrédients d'une crise majeure. La troisième scellait le sort de cette tragédie, ils avaient assassiné Jaurès.

Depuis les événements de Sarajevo, Jaurès œuvrait sans relâche pour maintenir la paix. Pour ce faire, il avait trouvé un moyen, la grève générale. Il avait fait voter cette motion au congrès extraordinaire de la SFIO courant juillet, puis avait fait voter la même motion à une réunion d'urgence de l'International Socialiste, avec l'aide des socialistes allemands, opposés eux aussi à cette guerre. En cas de conflit, une grève dans tous les pays devait s'organiser, faisant ainsi pression sur les gouvernements. Lorsque j'avais lu dans la presse, ce moyen de pression qu'avait imaginé Jaurès, je m'étais demandé si cela aurait suffi à faire reculer les artificiers des deux côtés de la frontière. Si elle était réellement suivie partout, désorganisant les transports, les services publics, les transmissions, et les usines d'armements des pays, il était évident que la mobilisation ne pourrait pas s'effectuer. Bien sûr, la presse dans son ensemble s'était déchaînée contre Jaurès, le traitant et le qualifiant de tous les noms possibles avec une nette majorité pour le titre de « traître à la patrie ».

Dans leur édition du 1er août, tous les journaux titraient sur l'assassinat de l'homme politique la veille au soir, dans un café où il prenait son repas avec les rédacteurs de son journal. Il préparait pour son édition du lendemain, une vigoureuse tribune pour dénoncer « *ce gouvernement dont les têtes folles veulent aller à la guerre* ».

Nous venions d'apprendre que la Russie avait ordonné l'engagement de ses troupes. Et Jaurès savait qu'en vertu des accords avec la Russie, la France allait enclencher la même chose, ce qui devait obligatoirement provoquer une riposte de l'Allemagne, et son entrée en guerre.

Le jour même de notre mariage, le samedi 1er août, restera donc une date merveilleuse et triste. Merveilleuse de par le fait que j'avais l'impression de commencer une vie nouvelle. Triste parce que je percevais que c'était la fin d'un monde.

Chapitre 23 Roubaix, août 1914.

Nous avions annulé notre voyage. Le lendemain de la noce, la guerre était annoncée dans les journaux. Les trains étaient réquisitionnés.

Les événements s'étaient enchaînés avec une précision d'horlogerie. L'Allemagne par la voix de son ambassadeur avait demandé à la France de ne pas se ranger au côté de la Russie. Elle avait répondu par le décret de mobilisation générale. L'Allemagne avait répondu par une mobilisation de ses troupes. Elle avait déclaré la guerre à la Russie qui avait massé ses troupes à sa frontière de l'Ouest. Et enfin, elle avait déclaré la guerre à la France.

Pour un conflit, qui d'après certains, devait se circonscrire à une guerre entre l'Autriche et la Serbie, c'était réussi. Seul l'Angleterre avait tenté jusqu'au bout de préserver la paix et avait fait des propositions diplomatiques.

Nous étions rassemblés chez notre mère. Elle nous servait le café avec une infinie tristesse dans le regard. Elle avait assisté avec beaucoup de bonheurs et de joie au mariage de son « petit Henri », mais elle savait aussi ce que voulait dire « mobilisation », « guerre ». Elle avait connu, très jeune celle de 1870.

– La première conséquence immédiate de la mort de Jaurès c'est que, c'est fini cette idée de grève générale, me dit Victor.

– Non seulement, mais aussi de la constitution de l'union sacrée contre la guerre, presque tous les opposants d'hier, sont à ce jour d'accord avec le gouvernement pour la préparer. Jaurès disparu, c'est l'idée de la paix elle-même qui disparaît.

– Il va nous manquer, c'était un visionnaire.

– Oui. Je me demande encore comment a fait Poincaré pour publier, afficher sur tous les murs de Paris, c'est Albert qui me l'a dit, un communiqué sur les circonstances de sa mort, et envoyer aux journaux la même chose.

– Que veux-tu dire?

– Jaurès est assassiné à 21 h 40. Poincaré l'apprend et le soir même, ou plus exactement la nuit, on rédige un communiqué, on le tire à l'imprimerie nationale, on le fait coller sur les murs de Paris, et on l'envoie à toutes les rédactions qui le publient le lendemain. Incroyable comme la présidence peut réagir parfois rapidement, comme si elle avait deviné ce qui allait se passer[139].

– Que vas-tu faire, me dit Rosalie.

– Je dois rejoindre mon corps d'affectation dans la réserve, à Bergues. Je prends le train demain.

– Pourquoi, Bergues, me dit Victor.

Victor avait été réformé, et tant mieux, il pourrait ainsi ne pas être engagé dans cette vaste escroquerie.

– Je ne sais pas, sur mon livret militaire, dans la partie « disponibilité et réserve de l'armée d'active », il est bien spécifié premier corps spécial des bataillons d'Afrique à Bergues.

Je passais les deux jours restant avec Rosalie, sans la quitter une seconde, profitant de tous les instants possibles. Que dire de ces derniers jours avec elle et de cette peine immense et de ce désespoir qui m'envahissaient. C'était la première fois que je ressentais cela, j'avais l'impression que la vie allait s'arrêter et que je vivais un cauchemar.

Lorsque je pris le train sans personne pour m'accompagner, je ne le voulais pas, je compris que je vivais la réalité. Je côtoyais les autres mobilisés qui avaient l'air de partir sans joie, un peu résignés et surpris, sans trop savoir ce que leur réservait l'avenir.

---

[139] Question encore posée de nos jours par certains historiens

Seules, les familles, notamment les épouses, les mères portaient déjà le deuil de la séparation avant peut être de porter le vrai deuil.

J'ai peu de souvenirs de ces premiers jours à la caserne d'affectation, comme si j'avais voulu les effacer de ma mémoire.

Un mois plus tard, je reprenais le bateau, mais là, c'était pour l'Algérie, destination Alger, puis Aumale[140] à une centaine de kilomètres au sud d'Alger, notre lieu de garnison.

J'avais appris que ces corps spéciaux étaient constitués d'anciens condamnés des tribunaux civils. Nous devions remplacer les régiments de l'armée d'active d'Afrique du Nord, qui étaient appelés en métropole. Nous n'avions pas « l'honneur » de combattre avec les troupes régulières. Ça m'allait bien, je n'avais nulle envie de me battre, et j'espérais que l'endroit, où l'on m'envoyait, serait calme, par contre, aucune permission, possible. J'espérais que cette guerre serait finie le plus vite possible et que l'on me renverrait vite dans mon foyer.

---

[140] Actuellement Sour El-Ghozlane, baptisé à l'époque Aumale en l'honneur du duc d'Aumale, le fils de Louis Philippe.

Nous étions encadrés pour le voyage par des gendarmes. Que dire de mes compagnons, tous récidivistes comme moi. Des petits délinquants, des politiques, mais aussi des truands importants, sans foi ni loi. Les caïds étaient de retour. Encore que ceux-là, je savais comment faire pour les tenir à distance, je l'avais déjà pratiqué. Leur imposer le respect, frapper le premier, me tenir sur mes gardes, et savoir m'entourer, c'était là le secret. Mais comment faire pour me garder des sous-officiers qui nous encadraient. J'avais eu affaire à des imbéciles, des petits chefs, des braves, des gens d'honneur, des incapables. Je n'avais pas eu encore affaire à des « apaches sous-officiers ». J'appris plus tard que le principe d'affectation de ces gradés dans les corps spéciaux était le suivant : « *les plus aptes et les plus énergiques pour encadrer les hommes* ». Ce qui pour moi, signifiait que l'on nous envoyait des abrutis de la pire espèce. Ils furent à la hauteur de leur réputation, dès notre arrivée, punitions, brimades, coups. Leur objectif était de nous briser physiquement et moralement dès le départ. Ils le faisaient avec un sadisme sans égal. Ils n'obéissaient pas à un ordre donné par la hiérarchie, ils l'inventaient chaque jour. Et malheur à ceux qui osaient se révolter. Ils étaient condamnés au bagne militaire. Malheur à ceux qui osaient braver par le regard ces abrutis immondes, ils savaient inventer la faute et la punition.

Le jeu était le suivant, l'homme de troupe avait frappé un sous-officier, les autres sous-officiers en témoignaient, et l'homme était jugé et condamné. Ils avaient inventé aussi des paris : combien de temps résisterait-il ? Qui serait le prochain sur la liste ? À combien d'année serait-il condamné ? Nous étions soumis à des travaux de force sous le soleil, souvent sans eau, et sans nourriture. La construction de fortins et de routes était notre programme de tous les jours. On nous envoyait aussi gratuitement aider des colons qui recherchaient de la main-d'œuvre pour leurs travaux les plus pénibles. Nos gradés étaient payés pour cela et s'enrichissaient en nous vendant comme esclaves, pour quelques jours ou quelques semaines.

On voyait peu les officiers, ils se reposaient exclusivement sur les sous-offs, prenant le temps de profiter de la façon la plus agréable de la vie de garnison avec filles, vins fins et cognac qu'ils pouvaient s'offrir, puisqu'ils touchaient une partie de l'argent de la « location » des soldats.

De temps en temps, nous étions en manœuvre pour quelques opérations de police, face à une petite tribu hostile, qui souffrait tout autant que nous de la situation établie par les colons et les militaires. Je n'avais pas connu cette situation au Maroc, mais il est vrai que c'était un « protectorat », on y mettait des formes, mais ici, en Algérie, c'était un territoire français, avec l'administration qui en découlait. Et comme on était loin de la métropole, et loin de toutes formes de dénonciation de ces pratiques, on était revenu au temps du moyen âge. Il n'y avait plus de barons ou de comtes, il y avait le colonel ou le préfet. Il n'y avait plus de capitaines et de sergent d'arme, il y avait les officiers et les maires des villes. Il n'y avait plus de serfs, il y avait les autochtones.

Je n'aurais pas pu résister longtemps à cet enfer, si je ne m'étais pas rapproché d'un groupe d'hommes de notre unité qui essayaient de garder une dignité tant bien que mal. Le corps spécial, où j'étais affecté, était constitué de plusieurs unités d'infanterie, de détachements de cavalerie et d'une section d'artillerie dont je faisais partie[141]. Dans cette section, quatre hommes s'étaient regroupés de par une affinité de vie passée, ou plus exactement une affinité de pensée sur leur vie passée.

---

[141] Constitué en unité mixte d'armes, comme les chasseurs Alpins.

L'un d'entre eux, René, appela notre groupe le dernier cercle.

– Pourquoi, le cercle ? Lui demandai-je.

– As-tu lu Dante ?

– Non.

– Je t'explique rapidement. Dante est un écrivain et un politique florentin du moyen âge. Il a écrit la divine comédie. Dans cette œuvre, il existe trois parties dénommées, l'enfer, le purgatoire et le paradis.

Décidément, cette histoire me poursuivait depuis mon enfance.

– Et dans la partie intitulée l'enfer, il décrit les cercles qui préfigurent les étapes successives de la descente aux enfers.

– Je commence à comprendre.

– Dans le premier, nommé les limbes, existent les hommes purs mais qui n'ont pas reçu le baptême ou nés avant Dieu. Puis les cercles des luxurieux, des gourmands, des avares, des coléreux et des indifférents. Ce sont les cinq premiers cercles des hommes qui n'ont pas conscience de leurs péchés. Les autres, les derniers avant l'enfer, sont remplis par des hommes qui en ont conscience, les hérétiques et les épicuriens puis les violents. Le huitième, c'est les fraudeurs, les séducteurs, les adulateurs, les voleurs, les fourbes et les faussaires.

Et enfin le tout dernier. Celui des punis, des damnés de Dieu, des traîtres. Traîtres envers les parents, les protecteurs, les bienfaiteurs, et à la patrie, c'est ce que nous sommes, camarades, traître à la patrie, pas dignes de combattre avec les autres unités, donc envoyés dans ces unités de l'enfer. Nous sommes le dernier cercle.

En dehors de René, qui se trouvait là de par son appartenance à des groupes politiques proches de l'anarchisme. Les deux autres, Jean et Lucien étaient des condamnés de droit commun, comme moi. Jean était faussaire, il fabriquait tous les papiers possibles, qu'il revendait sur Paris. Lucien était voleur, mais un voleur qui voyait grand. Il était surtout connu pour avoir dérobé des bijoux dans les grands hôtels, ceux des gens riches et fortunés. Il nous avait expliqué que ses vols se passaient bien. Il se faisait arrêter souvent après, lors de la revente aux receleurs, la plupart étant des indicateurs. Nous n'avions rien en commun de par nos vies et nos délits devant la loi. Nous étions simplement réunis comme compagnons d'infortune ayant un goût prononcé pour la dérision de notre sort et de notre situation. Une forme de détachement et de cynisme vis-à-vis de l'extérieur qui nous permettait, non pas de vivre, mais de survivre. Au fil des semaines, puis des mois, un lien profond nous unissait pour nous protéger de l'arbitraire et de la folie qui nous entourait. Nous avions fait savoir que s'il arrivait un mauvais sort à l'un d'entre nous, les autres se chargeraient de le venger. Cela nous permit de résister durant plus de deux ans.

Chapitre 24 Aumale, mai 1917.

Quelques lettres me parvinrent durant les premiers mois, de ma famille et de mes amis. Puis je n'eus plus de nouvelles, car la région était occupée par les régiments allemands depuis octobre 1914. Les quelques nouvelles qui nous parvenaient nous décrivaient des conditions de vie épouvantables des civils. Plus aucun courrier entre la zone occupée et le reste de la France ne circulait. Je ne savais donc pas ce qui se passait exactement et ce que devenaient Rosalie et ma famille. Cela me rongeait, plus encore que ce que je subissais.

Les nouvelles qui nous parvenaient sur la situation du front, souvent avec des semaines de retard, nous permettaient de suivre cette affreuse boucherie qui continuait à semer la mort et la mutilation des êtres.

Malgré cela, j'aurai voulu être en France, me rapprocher le plus possible de Rosalie, savoir ce qu'il en était, ce qu'elle devenait, si elle ne souffrait pas trop de la faim, du froid, de la misère. Ici aussi la mort devenait un compagnon inséparable. Elle nous accompagnait presque chaque jour. Mort de faim, de soif, de mauvais traitements parfois, de bagarres. Non, il n'y avait pas de mort au combat, ou très peu. Les soulèvements des tribus hostiles étaient rares, comme si elles savaient que le temps œuvrait pour leur liberté. La guerre se chargeait de faire le travail à leur place.

Les seuls soldats qui nous rejoignaient, n'étaient plus seulement des condamnés de droit commun dans le civil au moment de leur incorporation, mais des militaires punis par les conseils de guerre. Les motifs étaient divers, désertion, abandon de poste, outrages, refus d'obéissance, fabrication de fausses permissions, rébellion, provocation à la désobéissance. La galerie des motifs de condamnation semblait inépuisable et avec le temps le nombre plus important. Et puis à partir de 1916, plus personne ne nous rejoignit[142].

Dans notre groupe, notre « dernier cercle de l'enfer ». Réné était mort. Il avait été affecté à une compagnie qui devait effectuer des travaux publics, c'est-à-dire construire une route qui ne venait de nulle part pour aller nulle part. Il était mort d'épuisement, ou peut-être de solitude, il était séparé de nous.

Ce que je vous raconte est un peu décousu, je le sais. Les derniers mois avant mon évasion, j'ai vécu dans une

---

[142] A partir de 1916, devant le nombre de morts et le manque d'effectifs au front, les peines sont prononcées mais non effectuées. Les soldats sont renvoyés au front.

sorte de rêve éveillé, d'état de conscience et de sommeil, de cauchemars et de fièvre. Oui, c'est cela, de fièvre. Vous savez comme ces jours où on est malade et où on ne se souvient plus très bien de ce qui s'est passé. Je me souviens qu'enfant, atteint des maladies infantiles, j'étais dans cet état second. Je ne percevais plus la réalité de ce que je faisais ou de ce que je disais. C'est ma mère qui me l'expliquait après. C'est cet état que je subissais durant les derniers mois.

Un jour je suis parti, aucune préparation, aucun plan, aucune intention avant. Je me suis levé comme d'habitude à la sonnerie du clairon, je me suis habillé, et je suis parti par la porte d'entrée de la caserne. Avec semble-t-il un tel naturel, que le garde a dû penser que j'étais envoyé en mission quelconque pour aller chercher quelque chose.

Je me suis « réveillé » quelques minutes ou quelques heures ou quelques jours après. Je ne sais pas. Je me suis souvenu que j'avais déserté. Je ne savais pas où j'étais. C'était en plein bled[143]. A ce moment-là, j'avais retrouvé ma conscience. Mon cerveau s'était remis à fonctionner. J'avais faim, j'étais sale mais j'étais de nouveau vivant.

---

[143] Vient du mot arabe « balade », qui veut dire pays, contrée.

Je me suis mis à voler de la nourriture. J'ai vécu ainsi quelques mois, me confondant avec la population indigène qui me laissait tranquille. J'ai volé aussi des vêtements en abandonnant mes frusques militaires. Dans mon esprit, je devais survivre le plus longtemps possible pour attendre quelque chose qui me délivrerait de cette situation. Mais attendre quoi ? La fin de la guerre ? Que l'on m'oublie définitivement ? La mort peut-être ?

Évidemment, cela n'a pas marché. J'ai été repris, enfin dénoncé par un colon, un jour où j'ai eu l'imprudence de traverser une petite ville. Il alla trouver le poste de gendarmerie et leur dit que je devais être un déserteur. Ils m'ont retrouvé quelques kilomètres plus loin. Ils m'ont arrêté, menotté, et emmené au poste. La suite, vous la connaissez.

Chapitre 25 Hôpital de Bougie, septembre 1918.

Je vais reprendre mon récit là où je l'ai laissé un an plus tôt, après ma condamnation dans la prison de Constantine. Avant, je n'aurais pas pu le faire, j'étais devenu de nouveau un mort vivant. Aujourd'hui, je peux le faire, ils m'ont envoyé à l'hôpital, j'y ai reçu quelques soins et je me sens un peu mieux. Enfin, façon de parler, je ne me sens pas bien du tout. La grippe, ils m'ont dit. C'est vrai que j'ai de la fièvre, et que je suis courbaturé de partout, faible mais au moins, je suis allongé dans un lit et je peux me reposer. Un infirmier m'a fourni du papier et un crayon.

Le bagne de Bougie m'a brisé physiquement et moralement. Je ne serai plus le même. Je ne pouvais pas imaginer que des êtres humains pouvaient ainsi faire autant souffrir d'autres êtres. Les gradés du corps spécial étaient de gentils bambins à côté des sadiques et fanatiques de cet endroit. Les brimades, punitions, cachots, privations devenaient un cercle infernal que l'on ne pouvait briser. Comment survivre dans cet enfer ? C'est incroyable, mais parfois on y arrive. Ce qui m'a « sauvé » durant un an, c'est mes souvenirs, dans lesquels je me suis réfugié. La nuit, durant les quelques heures de sommeil que l'on nous octroyait, je me construisais mes rêves.

La vie avec Rosalie, Les discussions avec Victor, Les visites à ma mère, les conseils d'Octavie, les histoires que je racontais à mon filleul. J'imaginais même la vie des jumelles, le métier d'Alexandre, et la nouvelle charrette que j'avais offerte à Jules pour qu'il puisse mieux vendre ses légumes et ses fruits. J'imaginais les repas que je préparais avec Rosalie lorsque nous avions des invités. Les sorties que nous avions, les noëls que nous préparions pour toute la famille réunie. Je m'étais même imaginé les enfants que nous avions eus, j'en avais dressé le portrait fidèle. Et je reprenais mes rêves éveillés nuit après nuit. Le jour, les souvenirs me permettaient de ne pas sombrer.

Une lettre de Rosalie m'était parvenue en mai 1917, juste avant ma fuite. Elle avait réussi à la donner à une de ses amies qui avait rejoint la zone française libre, et qui avait pu ainsi la poster à mon adresse de casernement. Moi, j'avais écrit régulièrement au départ, puis après l'occupation de la région de Lille, j'avais envoyé les missives à Erwan, mon ami, qui habitait Paris, loin de sa chère Bretagne. Il avait été démobilisé dès la fin 14, après une blessure qui avait provoqué l'amputation de son bras droit. Je lui avais expliqué mon problème de courrier et lui avais demandé de faire le nécessaire pour essayer de faire parvenir mes lettres à Rosalie. Il m'avait écrit à l'époque qu'il y était parvenu par je ne sais quel moyen et après beaucoup de difficultés. Mais depuis un an, je ne recevais plus de courrier.

Dans celle-ci, Rosalie m'avait annoncé la mort de ma mère, elle était décédée des privations endurées à cause de l'occupation allemande qui saignait littéralement la population avec des réquisitions de plus en plus importantes de marchandises, de biens et de nourriture. Les personnes faibles ou âgées n'y résistaient pas. C'est la seule nouvelle accablante dont elle me parla. Pour le reste, elle se montrait d'un optimisme débordant pour notre avenir. Optimisme qu'elle s'efforçait de me montrer, et qui me laissait augurer de biens mauvaises choses. Cette lettre, je l'ai lue des centaines de fois. Je m'y accrochais comme à une bouée de sauvetage. C'était un phare dans une immense tempête de haine et de douleur.

J'allais de plus en plus mal, je ne me sentais pas bien du tout. Je prenais un temps infini à écrire, passant parfois des minutes pour mettre un mot derrière l'autre. Hier, j'ai entendu deux infirmiers parler de la grippe espagnole[144]. Je ne savais pas qu'il y avait plusieurs sortes de grippes et que celle que j'avais, portait ce nom.

Cela fait dix jours que je suis malade, et mon état empire. Je viens de terminer le dernier chapitre de mon livre, enfin de mes souvenirs. Je pense que je vais mourir. Je vais confier ce document que j'ai gardé précieusement durant une année à cet infirmier qui m'a pris en sympathie et à qui je vais demander de le faire parvenir à Rosalie, pour qu'elle sache qu'elle fut et demeure la plus belle chose de ma vie.

---

[144] Elle fit de 1917 à 1919, et d'après les dernières estimations 60 millions de morts dans le monde. Un milliard d'êtres humains la contracta, soit un humain sur deux. Le taux de mortalité était important. Le transport des troupes aggrava la situation. Son origine est la mutation d'un virus qui passa de l'animal à l'homme, probablement originaire de Chine. La mutation se produisit aux Etats-Unis. La censure en France parla de la « grippe espagnole », puisque le pays étant neutre, et donc sans censure de la presse, les journaux espagnols parlèrent en première de cette pandémie. On cacha donc en France les ravages de celle-ci, minimisant de ce fait, les précautions à prendre. Elle fut responsable de près de 400.000 morts en France.

Chapitre 26 Roubaix, septembre 1920.

J'ai voulu ajouter un chapitre au livre de mon frère de cœur, Henri Becquet. Celui qui vous écrit cette suite, c'est Victor. C'est amusant, il n'a jamais écrit mon nom dans ce livre, juste mon prénom Victor. Mais peu importe mon nom. Henri est mort à l'hôpital de Bougie début octobre 1918, emporté par la grippe espagnole qui faisait des ravages chez les militaires, et notamment ceux qui, comme lui, étaient affaiblis par les privations et qui connaissaient des conditions sanitaires épouvantables.

Je vais poursuivre son histoire et vous conter la fin. Le manuscrit nous est parvenu quelques mois après, plus exactement a été envoyé à l'attention de Rosalie par l'infirmier dont parle Henri, mais à l'adresse du journal, c'est pour cela que je l'ai entre les mains. Il a attendu que la guerre soit finie, qu'il puisse entrer en France et ensuite il lui a fait parvenir le manuscrit avec un mot, où il expliquait les conditions de vie qu'avait connues Henri. Dans les deux derniers chapitres de ses souvenirs, Henri parle bien de l'enfer, mais il reste vague sur ce qu'il a connu, vécu, enduré et souffert. Je crois qu'il faut en parler de ces bagnes militaires et qu'il faut les dénoncer. J'en ai parlé à Albert Londres, le journaliste dont vous a parlé Henri. Je pense qu'il va écrire un livre sur le sujet, il est tellement plus doué que moi pour cela[145].

C'est vrai que nous avons souffert durant les quatre années d'occupation allemande de la guerre. Ce fut un régime de la terreur, persécutions, arrestations, déportations, prostitutions, travaux forcés. Nous étions à quelques dizaines de kilomètres de la zone de front. Les Allemands surveillaient tout, prenaient tout et interdisaient tout. Ce que n'a pas dit Henri, il ne pouvait pas le deviner, c'est qu'il y eut des collaborateurs et des dénonciateurs en nombre. Mais tout cela a été oublié, plus exactement on a voulu oublier pour ne pas gâcher la fête de la victoire et de l'héroïsme des Français[146].

Durant ces quatre années, Rosalie n'a jamais douté qu'il était en vie. Nous étions tous inquiets pour lui et nous ne savions pas très bien ce qu'il endurait, mis à part les quelques lettres qui nous sont parvenues par l'intermédiaire de l'un de ses amis bretons. Dans celles-ci, il ne parlait pas de sa condition de réprouvé dans le corps spécial, et nous ne savions pas pour la suite, c'est-à-dire sa condamnation après sa désertion, enfin, moi je

---

[145] Albert Londres a écrit un livre sur le sujet qui fut publié en 1924 « Dante n'avait rien vu »
[146] Lire le livre de Philippe Nivet « La France occupée 1914-1918 »

l'appellerais son départ. Il nous décrivait surtout ce qu'il voyait, ce qui l'entourait. Je pense qu'il voulait nous protéger mais aussi être le témoin, j'allais dire le correspondant non pas de guerre, mais le correspondant du bagne.

Il a appris par une lettre de Rosalie que sa mère était morte début 17, morte de faim et de maladie, enfin morte d'épuisement. Il n'a pas su que nous avons tous souffert des mêmes maux. Il n'a pas su que les jumelles sont mortes dans un bombardement qui a pulvérisé le quartier où elles habitaient avec leurs enfants et leurs maris. Il n'a pas su que sa femme, l'amour de sa vie, s'était engagée comme infirmière dans l'hôpital de Lille, qu'elle y avait soigné avec dévouement les malades, qu'elle avait assisté avec humanité les mourants. Et il n'a surtout pas su qu'elle est morte deux semaines après lui.

En octobre 1918, elle a cessé de nous dire qu'elle savait qu'il était vivant et qu'elle était confiante. Un jour, elle nous a dit à Octavie et à moi, qu'elle savait qu'il était mort. Une semaine plus tard, elle a été atteinte de la grippe, la même qu'Henri. Elle est morte une semaine après, un sourire aux lèvres. Henri avait raison, je ne croyais plus depuis longtemps au paradis. Mais je pressentais qu'elle l'avait rejoint dans un monde plus heureux et plus doux que ce qu'ils avaient connu. Appelez-le comme vous le voulez.

Nous avons repris le dessus, après avoir pleuré nos proches, Octavie et moi. Nous continuons à vivre pour nos enfants. Joseph, le filleul d'Henri a plus de dix ans. On lui parle très souvent de son parrain, de ses rêves, de ses espoirs et de son sens inestimable de présenter la vie sous son meilleur jour. Je le pleure encore. Il fut mon ami, mon frère, mon double.

Voilà, j'ai ajouté ces quelques mots. Je vais donner ce livre à son frère, Jules, il vient de se marier, son épouse est enceinte. J'espère qu'il transmettra celui-ci à ses enfants en leur expliquant qui était leur oncle. Ils le transmettront eux-mêmes, du moins, je l'espère, à leurs enfants. Un jour, peut-être, l'un d'entre eux le mettra en forme et le publiera. Un jour où le monde aura oublié ces horreurs. Un jour où le monde ne se souviendra plus que ce sont des hommes politiques qui ont provoqué cette guerre, qui aurait pu être évitée, ceux-là mêmes qui portent la responsabilité de dizaines de millions de morts. Et les lecteurs, s'il y en a, comprendront pourquoi Henri fut déserteur en 1917, fut condamné et mourut en octobre 1918.

Roubaix, le 5 septembre 1920.

Dans son livre de 1931, « Poincaré et la guerre de 1914 » Gustave Dupin se livre à un travail d'enquête approfondi pour déterminer non pas les causes, mais les hommes qui voulurent cette guerre et les prétextes qu'ils trouvèrent ou fabriquèrent pour la déclencher. Parmi ceux-ci, le président du conseil, puis de la république (1912–1920), Raymond Poincaré porte une responsabilité importante, sinon la plus grande. Il conclut un traité important avec la Russie, convainquit le Tsar de déclarer la guerre à l'Allemagne en même temps que la France, soudoya la presse française de l'époque pour rédiger des articles favorables à cette guerre avec des fonds secrets en provenance de la Russie. On a pu reconstituer des faits ou des réunions grâce à la déclassification de certains documents. Lors du premier gouvernement de Raymond Poincaré avec Alexandre Millerand comme ministre de la guerre, qui dura du 14 janvier 1912 au 21 janvier 1913, voici la teneur de l'une de ces réunions ministérielles.

« Paris, Janvier 1912 : *Millerand, ministre de la guerre pénétra dans le bureau, où Poincaré, Président du conseil, l'attendait. La réunion était importante, le ministre de la marine, Théophile Delcassé, y participait.*

– *Messieurs, cette réunion doit rester secrète, y compris pour les autres membres du gouvernement. Monsieur le ministre de la guerre, je vous laisse la parole.*

– *Nous sommes prêts pour la guerre. Il reste cependant plusieurs conditions à remplir. En premier, finaliser notre accord avec le gouvernement russe pour que la mobilisation et la déclaration de guerre des deux pays contre l'Allemagne soient faites au même moment. Isvolsky me précise que le Tsar est encore réticent. Il faudra le convaincre.*

– *Nous allons le rencontrer, il faut prévoir un voyage diplomatique le plus rapidement possible. Son intérêt est identique au nôtre. Calmer les agitations intérieures et la montée des socialistes. Le second, Millerand ?*

– *Allonger la durée du service militaire, la porter de deux à trois ans.*

– *Difficile à faire passer à l'assemblée, les socialistes sont contres mais aussi une partie des radicaux. Il faut organiser une campagne de presse pour faire passer l'idée que c'est indispensable pour se défendre en cas d'attaque de l'Allemagne. Je vais faire agir nos journalistes amis.*

– *Monsieur le Président, ces journalistes amis, nous coûtent chers, intervint Delcassé.*

*– Ne vous inquiétez pas, Isvolsky a reçu des fonds
supplémentaires du gouvernement russe que nous allons
utiliser pour les payer. Autre chose, Millerand,*

*– Non, Monsieur le Président. Enfin si, un dernier
point, il faut surveiller les pacifistes les plus acharnés, et
notamment Caillaux et Jaurès. Ils peuvent faire obstacle
à notre projet.*

*– Pour Caillaux, je m'en charge, on va organiser une
campagne de presse pour le discréditer. Je vais lancer
Gaston Calmette du Figaro sur cette affaire. On va lui
faire parvenir des documents qui laisseront croire qu'il
trahit la France lors des négociations de la convention
franco–allemande de 1911. Il sera disqualifié.*

– Reste Jaurès !

*– Nous verrons plus tard, pour l'instant, il est
intouchable, une vie privée exemplaire, pas de dossier, il
n'a fait partie d'aucun gouvernement, il est
incorruptible. Il va falloir trouver autre chose.*

– Mais quoi ?

*– Le faire apparaître comme un ami de l'Allemagne,
pire un espion de l'Allemagne.*

*– Cela ne l'empêchera pas d'écrire dans son journal,
l'Humanité et de faire ses discours à l'Assemblée.*

*– Non, mais cela peut compliquer sa vie et donner des
idées à un illuminé, qui sait, pour attenter à sa vie. »*

Dépôt légal avril 2016 ISBN : **979-10-94133-01-9**

JMB EDITIONS

Prix 7,90 €

www.ingramcontent.com/pod-product-compliance
Lightning Source LLC
Chambersburg PA
CBHW071300170726

48003CB00013BA/78